GÉNÉRATION AFTER FOOT

34-36, rue La Pérouse
75116 Paris
www.hugoetcie.fr

Collection Hugo Sport et ouvrage dirigés par Bertrand Pirel
Photographie de couverture : © Abaca Press
Couverture et mise en page : Emmanuel Pinchon

ISBN : 9782755685817
Dépôt légal : mai 2021
Imprimé en France par Firmin Didot (163965)

PIERRE ADRIAN

GÉNÉRATION AFTER FOOT

LA GRANDE HISTOIRE DE L'ÉMISSION CULTE

Hugo Sport

SOMMAIRE

PRÉFACE

GILBERT BRISBOIS ET DANIEL RIOLO

Le 4 avril 2021, l'After Foot fêtait ses 15 ans. Une éternité dans le monde des médias où la longévité des émissions se compte comme la vie des chats. L'After a su durer et grandir, confirmant son statut de première radio le soir, et conquérant la place enviée de premier podcast de France (sondage Médiametrie de mars 2021).

Un succès qui repose sur deux piliers fondamentaux : l'opinion et l'expertise. C'est ça, l'After ! Une bande de passionnés capables de citer par cœur les compos et palmarès. Des experts qui basent leurs opinions quotidiennes sur une connaissance sans failles de notre sport favori. Et qui aiment le débat et la contradiction.

En 15 ans, tous ensemble nous avons traversé les succès et les crises du football français. Bon, à vrai dire il y a eu plus de galères que de bonheurs. Dès le premier soir en avril 2006, l'Olympique Lyonnais entamait la liste avec une élimination face au Milan AC en Ligue des Champions. Les Euro 2008 et 2012 ont suivi, ainsi que les éliminations lamentables des clubs français par des équipes comme La Gantoise, Astra Giurgiu ou l'APOEL Nicosie (promis on a fait exprès de ne prendre que des adversaires de l'OL...). Et en feu d'artifice, le psychodrame de Knysna !

Nous étions aussi là pour les finales européennes de l'OM et du PSG, et le soir de France-Croatie en 2018 pour nous réjouir du deuxième titre mondial des Bleus. Toujours avec la volonté d'analyser et de transmettre. Car l'After a été un compagnon de vie pour toute une génération de fous de foot. De l'ado qui a commencé à écouter l'émission sous sa couette au prof de fac, en passant par le chauffeur de taxi et les centaines d'expatriés qui tous les jours nous écrivent pour nous dire combien l'After est important pour eux. Un lien avec leur pays et son football erratique.

Dans ce livre, vous ne retrouverez pas nos avis sur Raymond Domenech, Marco Verratti ou Karim Benzema, vous les connaissez déjà. Mais vous en apprendrez beaucoup sur les personnages qui ont construit l'After depuis 15 ans. Ceux qui vous accompagnent au quotidien, vous font rire, vous bluffent ou vous exaspèrent.

Nous sommes honorés que Pierre Adrian ait accepté de mener cette aventure. Nous aimons ses livres, son esprit et sa connaissance du sport. Auditeur de l'After, il est allé rencontrer nos amis, à Madrid, à Marseille et ailleurs. Tous ne sont pas dans le livre, mais notre esprit et notre histoire sont là, dans ces pages. Longue vie à l'After.

AVANT-PROPOS

J'ai compris que l'After était un peu plus qu'une émission de radio en rentrant chez moi ce soir-là. Nous étions à la fin de l'hiver et je venais d'assister à un match dont la cicatrice, avec le temps, s'est à peine refermée. À tel point que l'usage permanent du mot *remontada* me fatigue aujourd'hui. Non, de « Remontada » il n'y en a qu'une, et elle eut lieu le 8 mars 2017 au Camp Nou. J'avais quitté les copains parce que nous étions incapables de dire quelque chose d'intelligent après avoir vécu un moment si violent. D'ailleurs, il n'y avait rien à dire. Alors j'ai regagné mon logement, mon lit, et j'ai écouté l'After comme on attend l'effet d'un antidouleur pendant une poussée de fièvre. Je me souviens de la voix chevrotante de Rothen, de l'ébahissement des uns et des autres, des coups de fil désespérés de supporters aux abois. Cet After devait courir jusqu'à 1 heure du matin mais j'aurais souhaité qu'il durât toute la nuit. Il ne pouvait pas se terminer, il n'avait pas le droit de se terminer. Nous étions tellement sidérés que nous voulions entendre ses voix rassurantes jusqu'au petit matin. Quand ils ont fini par rendre l'antenne, je me suis senti abandonné, seul, très con. Le PSG, le club de mon enfance, était disqualifié. Trouillard, il s'était ridiculisé, déshonoré. Il n'était qu'un petit d'Europe, trouvant même le moyen de se faire voler par l'arbitrage. Alors ce soir-là, l'émission que j'écoutais inégalement depuis l'adolescence devint une vraie consolation.

L'After est souvent comparé à un repas de famille. C'est ce qui le rend à la fois attachant et insupportable. Sur la nappe, entre les plats, on a mis des micros et tout ce petit monde se retrouve, chahute, rigole, s'énerve, bougonne. L'émission pourrait faire penser à un film de Claude Sautet, et à la fameuse scène du déjeuner où Piccoli, découpant le gigot devant Depardieu, Audran, Reggiani et compagnie, se met en colère et envoie tout balader. L'After est ce repas dominical qui a lieu tous les soirs, et si on faisait un remake de Sautet il s'appellerait *Gilbert, Daniel, Florent, Fred et les autres*…

À bientôt trente ans, j'ai l'âge moyen de beaucoup d'auditeurs de l'After. Notre football est celui de grandes déceptions, de petites colères. Il est moins dramatique qu'avant et sûrement plus bureaucratique. Les précisions techniques, le jeu, l'analyse des statistiques, les nouvelles règles ont peu à peu remplacé la passion irrationnelle, la simplicité, le fanatisme. Est-ce une perception due à l'âge ? La fin de l'enfance ? Ou bien l'air du temps ? Après avoir discuté avec Fred, avec Daniel, Florent, j'ai compris qu'il ne nous serait sans doute jamais possible de vivre le football aussi fort que lors de la Nuit de Séville. À côté du 8 juillet 1982, même le 8 mars 2017, pour un Parisien, semble un match au rabais. La comparaison est sotte, peut-être, mais la grandeur d'un match de football se mesure à l'intensité des émotions qu'il procure.

Jeunes trentenaires, nous devons notre culture du foot en grande partie à l'After. À ces soirs de semaine où nous écoutions l'émission d'une oreille attentive ou distraite. Une génération qui était jeune dans les années 80, qui a connu Platini et Maradona, des Coupes du monde sous un soleil accablant, s'adresse à une autre génération ; celle qui a grandi avec l'équipe de France championne du monde, le coup de boule de Zizou, la décadence du football français, l'hégémonie Ronaldo-Messi, celle qui regarde le foot sur un écran de smartphone et refait le match sur les réseaux sociaux. Avec l'After, il est enfin devenu possible d'avoir une opinion sur le foot. D'avoir parfaitement tort ou tout à fait raison. Et combien sommes-nous désormais à attendre l'après-dîner pour prendre la température du milieu ? Baptiste Lecaplain en témoigne dans ce livre quand il dit : « Knysna, je le voulais par le prisme de l'After. BFM, TF1, j'en avais rien à branler… »

Ce livre n'est pas une enquête, encore moins une hagiographie. C'est l'exercice littéraire d'un auditeur à l'intention des autres auditeurs. J'aimerais qu'ils y retrouvent Polo, Fred, Éric comme de vieux copains. Qu'ils découvrent l'Italie de Daniel, l'enfance provinciale de Gilbert et Florent, l'histoire émouvante de Polo, la Madrid sensuelle de Fred Hermel. Qu'ils revisitent certaines émissions emblématiques, des digressions fameuses.

Il est aussi question ici de Romain, Joris, Mehdi, Najet, de tous ces habitués dont l'émission fait partie du quotidien. Ils se couchent en l'écoutant, ils font leur sport avec, ils partent au boulot, cuisinent ou voyagent branchés au podcast. L'After les soigne, les console, les chagrine. Pour eux, le confinement a été supportable grâce à ce petit rituel qui détonnait dans une période où l'on aurait dû parler de Covid du matin au soir. Quand on leur conseille la dernière série addictive de Netflix, ils sont capables de répondre sérieusement : « J'ai mieux. Tu connais l'After Foot ? » En ce qui me concerne, j'ai assez d'une seule dépendance. L'After Foot est mon seul feuilleton quotidien.

Ce livre ne prétend pas à l'exhaustivité. Il manque des choses, forcément. Certaines rencontres n'ont pas été possibles et des messages envoyés sont restés sans réponse. Il est aussi le fruit d'une sensibilité, c'est-à-dire que j'ai été chercher ce que j'avais envie de trouver chez les chroniqueurs : une part de nostalgie, l'esprit d'enfance, un regard intime sur leur football. Mais écrire un livre sur l'After pourrait s'apparenter à vivre un jour sans fin. Il faut mettre un terme à ses explorations, reposer le téléphone, arrêter le processus. Car l'émission continue mais le livre s'arrête. Et maintenant qu'il est imprimé, j'aimerais que l'auditeur habituel s'y plonge comme on s'installe confortablement dans des chaussons.

Ce bon vieux Max du standard confie dans ce livre : « L'After, c'est la France. Regarde rien que les prénoms des gars qui appellent... Karim, Thomas, Jean-Claude, Pierrick… Y a de tout. Tout le monde écoute l'After. » Les habitués du 32 16 savent qu'on peut faire confiance à Max. Qu'on soit chauffeur routier, taximan, employé de banque, éleveur de brebis, écrivain, comédien, ouvrier, expert comptable, chirurgien, footballeur de DH ou de première division, on a tous vécu un jour la rencontre fortuite avec un autre auditeur. Au cours d'un dîner, dans un train… Il nous est arrivé de demander avec des yeux joyeux et étonnés : « Mais non, toi aussi t'écoutes l'After ? » Avant de partir dans des discussions endiablées.

J'espère que la lecture de ce livre offrira à son lecteur la même sensation étrange, la même surprise, qui est celle des retrouvailles avec des inconnus.

Pierre Adrian
1er avril 2021

UN CLUB FRANÇAIS, UNE DÉFAITE

Mardi 4 avril 2006

La soirée avait pourtant bien commencé. À la télévision, assis aux côtés de Jean-Michel Larqué, Thierry Gilardi avait pris l'antenne en annonçant de sa voix chaude et familière : « Lyon à l'assaut de Milan, Lyon à l'assaut de San Siro ! » Derrière les deux hommes emmitouflés dans leur manteau, se dessinait le carré vert dans le halo des projecteurs.

Après un match nul 0-0 à Gerland, l'Olympique Lyonnais s'apprête à jouer le match retour des quarts de finale de Ligue des Champions. L'OL de Cris, Juninho et Wiltord contre le Milan AC de Nesta, Pirlo et Inzaghi. Des noms qui racontent une époque. Celle d'un club qui domine le championnat français depuis cinq ans, et celle de *Rossoneri* hégémoniques mais vieillissants, qui brillent de leurs derniers feux. Là-dessus, 80 000 spectateurs se sont massés au Giuseppe Meazza quand résonne la petite rengaine de la Ligue des Champions. Un sommet européen comme celui-là, on en parle depuis des semaines. Et des rédactions parisiennes aux alentours de la place Bellecour, on l'attend la bave aux lèvres toute la journée.

Oui, la soirée avait bien commencé. Après avoir égalisé à la trentième minute par Mahamadou Diarra, Lyon est en passe de se qualifier. Mais les hommes de Gérard Houllier reculent devant les assauts milanais. Il faut plusieurs miracles et un Grégory Coupet des grands soirs. Avant que l'inéluctable ne survienne à la 88e minute par le double poteau de Chevtchenko, un cafouillage dans la surface et le coup de patte de Super Pippo. Lyon est à terre. Cinq minutes plus tard, l'Ukrainien enterre définitivement les Français. Devant les télés, à la fin du match, on devine les mines tristes et la déception. Gérard Houllier s'exprime, un brin fataliste, et tout supporter lyonnais abattu se verrait bien gifler cette tête à claques d'Inzaghi.

Ce soir-là, sitôt le match terminé, TF1 enchaîne avec un feuilleton et les radios passent à autre chose. Mais dans un studio de l'immeuble RMC, en bord de Seine, trois journalistes s'apprêtent à débriefer la rencontre. Ils se nomment Gilbert Brisbois, Daniel Riolo et Florent Gautreau. Parmi eux, seul Gilbert bosse à la radio mais ils se connaissent depuis quelque temps, ils se côtoient en reportage et partagent la même vision du journalisme sportif. Ce mardi, l'émission est une première qui ne porte pas encore son nom. Un genre d'après-match, programme rapporté d'Italie par Eugène Saccomano sur Europe 1 mais peu répandu dans le paysage audiovisuel français. L'éditorialisme sportif n'existe pas en France. Tout reste à faire. Curieusement, il ne reste aucun enregistrement de cette heure d'antenne, aucune archive. Mais quinze ans plus tard, Gilbert, à l'initiative de ce premier rendez-vous, résume : « Tous les ingrédients de l'After sont là : l'équipe française qui a des capacités, va loin mais se chie dessus. Des polémiques, Gérard Houllier qui fait n'importe quoi… Et ça cartonne direct, le standard explose. On a beaucoup d'appels de Lyonnais en colère, on sert tout de suite de psychothérapie. »

Les années ont passé mais Daniel se souvient très bien de la rencontre. De tête, il refait le scénario du match et conclut : « Tout le monde est sous le coup de l'émotion et dit : c'est dommage… Mais personne n'explique pourquoi ! Ancelotti a fait un changement, et à force de reculer, Lyon qui voulait faire 1-1 a pris un but. Donc le but de Inzaghi, c'est pas du hasard. À cette époque-là, on chiale ou on est content, et il doit rien se passer d'autre. Mais non ! Tu craques pas comme ça… » Aussi les auditeurs découvrent-ils Daniel Riolo pour la première fois sur les ondes de RMC. Et par certains aspects, le journaliste ressemble à Pippo Inzaghi. Chiant et brillant, provocateur, décisif, exubérant. Sur un blog, ceux qui l'ont entendu ce soir-là se souviennent. Un inconnu écrit : « Il était tout jeune, 35 ans. Personne n'avait jamais entendu parler de lui, évidemment, il faisait de la critique de cinéma sur TPS

Star jusque-là. Et là, bam, un inconnu à la voix pas vraiment muée avec un patronyme italien débarque et dit tout ce que personne n'osait dire sur Lyon, que tout le monde faisait semblant d'admirer.» Le décor est posé. Un autre internaute raconte: «Riolo avait démonté l'OL, le club, l'équipe, Aulas, les Lyonnix en Renault Scenic qui pullulaient alors, tout le monde. Il m'avait fait une impression incroyable, je le découvrais, je ne pensais pas qu'une liberté de ton pareille était possible.» Un dernier utilisateur rapporte: «Riolo qui fait le donneur de leçon dès le premier After : "Mais je vous l'avais dit qu'ils allaient pas passer. Tout le monde m'a pris pour un dingue quand j'annonçais que ça allait être injouable avec 0-0 à domicile..."»

Daniel Riolo a mis le pied dans l'entrebâillement de la porte RMC. Gilbert s'en amuse, qui se targue, lui, d'avoir fait entrer le loup dans la bergerie.

«Notre histoire, c'est la descente aux enfers du foot français, observe froidement Daniel, ses pires années. Il va de hontes en catastrophes et on a vécu ça avec eux. Alors on nous dit: "Votre business, c'est que le foot français ne marche pas." Mais on n'y peut rien. On raconte ce qu'il se passe, nous, on commente. Au moment où on devient une quotidienne, il y a l'Euro 2008, Thiriez et son plan Footpro 2012, Knysna... On a grandi avec la décadence de notre football.»

***

Il est une minute avant minuit ce mardi 4 avril 2006. Les supporters lyonnais qui ne trouvent pas le sommeil ruminent encore la défaite. Gilbert Brisbois clôt les débats. En régie, Paul Vexiau, déjà lui, peut faire un signe au présentateur et lancer la pub ; à cette époque et à une heure si tardive, sans doute la réclame lubrique d'un numéro rose. Les micros sont coupés, le néon rouge On Air et les lumières du studio s'éteignent. Une émission vient de naître et elle tient sa recette : de l'expertise, du débat, un ras-le-bol d'auditeurs, du style. Le feu : Daniel Riolo. L'extincteur : Florent Gautreau. « Le 4 avril 2006, tu as peut-être par miracle la formule qui fonctionne », s'étonne encore Gautreau. « L'opposition et le contre-poids avec Daniel, une communauté d'idées, une façon de voir le foot. Beaucoup de points communs et un peu de divergences. » En y repensant après toutes ces années, Daniel se fend d'une phrase laconique qui résume tout : « Un club français, une défaite : c'est l'histoire de l'After. »

Le ton est donné.

« VA Y AVOIR DES MORTS DANS LES STADES À CAUSE DE VOUS »

Les quais de Seine sont déserts. La lumière des réverbères clairsème la route où les voitures se font rares. Dans la nuit, les paysages défilent. La masse noire du parc de Saint-Cloud à droite, les allées d'arbres derrière les grilles, la Grande cascade illuminée, le Musée de la céramique à l'entrée de Sèvres ; plus loin sur la Seine, l'île Seguin, futur chantier, et ses squelettes d'usines désaffectées. Le scooter ronronne, et comme par magie, les feux passent au vert dès qu'il s'approche. Daniel traverse ensuite les néoquartiers en construction, où les lotissements modernes remplacent les vieux immeubles en meulière. La banlieue se métamorphose et les grues à l'arrêt paraissent en sommeil au-dessus de la ville. Il est presque onze heures du soir. Dans les appartements cossus, les lampes s'éteignent peu à peu.

Dix minutes après avoir quitté sa cabine de commentateur à Saint-Cloud, Daniel range enfin son scooter sur un trottoir d'Issy-les-Moulineaux. Le casque au bras, le téléphone à la main, il traverse le hall d'accueil de l'immeuble RMC sous le regard las des veilleurs de nuit. Et il s'enfonce dans un nouveau studio pour décrypter le match qu'il vient à peine de commenter. Le nez au vent sur son scooter, il a eu le temps de préparer son argumentation, faire émerger quelques grandes idées.

Plusieurs mois ont passé depuis le 4 avril et l'After Foot balbutie toujours. L'émission est encore un rendez-vous erratique qui va et vient selon les matches, les affiches de Coupe d'Europe et les chocs du championnat de France. À l'époque, le producteur n'est pas encore Jérôme Thomas mais un certain Arnaud de Courcelles. « Petite main » au lancement du programme, il examine aujourd'hui la naissance du phénomène : « Souvent, les émissions les plus installées du PAF ont une construction alambiquée. Daniel n'était pas régulier, il venait de manière informelle. Mais le standard explosait à cause de ses déclarations. Les gens ont découvert son ton, et ils appelaient juste pour parler à Daniel. Il s'est trouvé un rôle de flingueur à tout va qu'il a construit par la suite. »

« Gilbert est déjà là-bas, raconte le principal intéressé. À l'époque, je commente un peu pour tout le monde et c'est là qu'il me dit, t'as qu'à venir. Mais je venais en pigiste. Parfois je commentais le match à Saint-Cloud pour CFI et j'avais cinq minutes pour aller à Issy chez RMC faire l'After. (...) L'idée est née dans nos têtes à chacun. Moi, je ne pensais qu'à ce qui se faisait en Italie, c'était un mythe.

Quand *On refait le match* est arrivé, je l'ai à la fois bien et mal vécu. J'ai tout de suite eu envie d'en être et en même temps j'aurais voulu être à l'origine. À l'époque, je suis commentateur en cabine ou sur les stades de Ligue 1, je fais un peu de foot anglais aussi et des reportages, tout ça entre 2003 et 2006. Eugène me dit que son idée vient de *Processo del lunedi*. Cette émission me plaisait et à la fois elle avait tous les défauts, avec son bordel guignolesque… Donc l'émission était novatrice en France mais elle gardait ce que je n'aimais pas dans le milieu : la connivence. Les grands anciens comme Vendroux, je les aimais beaucoup, mais ils étaient aussi ce que je ne voulais pas être. Ce qui m'exaspérait, c'est qu'ils protégeaient tous des potes. (…) Moi, j'adorais Jean-François Kahn, qui m'a donné envie de faire des émissions où l'on parle dans les années 80. J'adorais les mecs qui se disputent. Et l'appliquer au foot ? Oui. »

À l'origine de l'After, il y a la rencontre entre le rêve américain de RMC relancée par Alain Weill, et les idées d'une petite bande de journalistes qui se fréquentent lors d'une tournée dans le Pacifique au début des années 2000. Autour des courts de tennis de l'Open d'Australie, Daniel Riolo rencontre Gilbert Brisbois. Le courant passe et les deux hommes réfléchissent à un programme d'après-match, une émission d'opinion. Elle sera possible quand Gilbert s'installera définitivement chez RMC, où Alain Weill et son patron des sports François Pesenti bousculent le paysage radiophonique français en y intégrant les codes audiovisuels d'Amérique : de l'information le matin, du talk l'après-midi et du sport en soirée. « Lors des premières réunions avec Gilbert et Daniel, raconte François Pesenti, directeur des Sports pendant presque vingt ans, je voulais que l'After soit la tribune des supporters de foot. Les gens sortent du stade, ils rentrent en bagnole, continuent le match et veulent intervenir. » Il insiste alors auprès du binôme : « Votre fonds de commerce, ce sont les mecs dans les tribunes, les mecs qui consomment le foot, et qui sont prêts à le faire tous les jours. »

À la radio, l'ambiance autour de l'émission embryonnaire rappelle celle des radios libres. Installée à Paris depuis cinq ans, la nouvelle version de Radio Monte Carlo commence à trouver son rythme de croisière, et les bureaux sont occupés par de jeunes journalistes enthousiastes. Arnaud de Courcelles se rappelle les soirées devant les matches qui précèdent l'After, et Courbis envoyant l'un d'eux acheter vingt menus Best Of pour dîner à l'arrache sur un coin de bureau. « Rolland, il sortait un billet de cent balles de la poche pour payer un McDo aux gamins... » Il se souvient aussi des matches du week-end entre collègues et des colères pas possibles de Daniel. « Il n'y avait pas un dimanche matin au foot sans qu'il insulte quelqu'un. Il est à l'antenne comme il est dans la vie. Daniel n'a jamais perdu sa contenance, ne s'est jamais caché, n'a jamais baissé la garde. »

***

De nos jours, les émissions d'opinion sont légion, et il est difficile d'imaginer à quel point les avis définitifs, les points de vue iconoclastes des journalistes de l'After font tache dans le football français d'alors. François Pesenti, fraîchement arrivé quelques années plus tôt de la maison RTL, a piloté les programmes sportifs de RMC de 2001 à 2019. Depuis la création de l'After et jusqu'à son départ treize ans plus tard, il n'aura cessé de protéger l'émission. Et ce qui à l'époque est une anomalie en France, est une formalité en Italie ou en Espagne. Il raconte : « Quand un président du Real est mis en cause par un chroniqueur à 23 heures, il est tout de suite mis au courant et il appelle pour réagir et se défendre en direct. En France, on était pas habitués. Alors au début de l'After, ça se passe pas très bien vis-à-vis du monde du foot. Avec les dirigeants notamment. On donne la parole à des supporters, comme ça, et ça n'a jamais été fait. Il n'y a pas encore les réseaux sociaux et le soir, pour parler de foot, il n'y a que nous. Le monde du foot réagit mal parce qu'il est bousculé. Je reçois beaucoup d'appels de dirigeants de la plupart des grands clubs, des directeurs de la communication. On a beaucoup de contacts avec Lyon, bien sûr, parce qu'ils sont en première ligne. Et j'entends des choses étonnantes. On nous appelait le lendemain des émissions pour nous dire : "Vous êtes des grands malades... Il va y avoir des morts dans les stades à cause de vous !" »

Plusieurs fois, le directeur est obligé de convoquer Gilbert et Daniel dans son bureau. Et n'hésite pas non plus à leur dire : « Attendez les mecs, je vous laisse une antenne libre avec une énorme amplitude. Mais si c'est insultant, si c'est méprisant, si vous n'êtes pas capables de vous maîtriser, on sera obligé d'arrêter… Parce que parfois, fallait bien reconnaître que les dirigeants avaient raison. » Une hotline est même créée pour que les clubs puissent directement appeler la régie au cours des émissions. Arnaud de Courcelles s'en souvient bien : « Aulas, Caïazzo, Lacombe, Jean-Claude Plessis... Ils avaient le numéro de la régie et ils appelaient pour passer à l'antenne. À l'époque, on était pas très à l'aise avec ça, il n'y avait pas la même liberté de ton et de parole qu'aujourd'hui. Quand on t'appelle et qu'on te dit, "oui bonsoir c'est Jean-Michel Aulas", tu crois que c'est une blague et puis tu comprends… Bon, mais ça fait des moments de radio. »

« Aux acteurs du foot, poursuit Pesenti, j'ai dit : ok, on vous surexpose, on vous juge, mais c'est grâce à nous que le football va devenir plus sociétal et va intéresser plus de gens. Une émission comme l'After contribue à faire du football un sujet sociétal. On accroît l'importance du football dans l'esprit des gens. Ils se sont rendu compte que, *in fine*, ça leur servait. »

Avant l'arrivée d'Alexandre Delpérier à la présentation de l'émission lors de la saison 2007-2008 suite à l'interruption de DKP, de Courcelles assiste à la naissance d'une redoutable doublette. Qui deviendra la matrice d'un programme qui connaît son pic d'audience en moins de trois ans et lamine les radios musicales en soirée. Daniel quitte bientôt ses multiples casquettes pour devenir l'une des voix de RMC. Gilbert abandonne les multiplex et se consacre totalement à l'After. Le jeune réalisateur, qui laissera rapidement sa place à Jérôme Thomas, raconte : « C'est devenu un binôme Gilbert-Daniel. Gilbert a construit ce calme, ce côté café-comptoir. Il a aussi trouvé son style grâce à Daniel. Quand il animait les multiplex avant, il n'avait pas le même ton. Gilbert a construit son univers grâce à Daniel. »

Éloigné de ses deux poulains depuis 2019, ayant assisté à leur croissance et participé à leur succès, François Pesenti souffle simplement : « Ce couple Brisbois-Riolo ne dure pas par hasard... »

LE DIVIN CHAUVE

Au commencement, il était une voix. Une voix aiguë qui semble venir du fin fond de la gorge. Fringante et vive, elle ne fourche jamais, ou presque. Elle a le sens de l'improvisation, laisse libre cours aux digressions mais garde chaque discussion sous contrôle.

À une époque où l'After n'est qu'une histoire de radio, où la vidéo ne s'est pas encore invitée en studio et où les réseaux sociaux bégaient, on ne relie pas vraiment cette voix à cet homme chauve aux faux airs de moine tibétain, hiératique. Il a la silhouette ascétique du triathlète besogneux. Quand il sourit, des ornières se creusent dans ses joues sèches. Nul ne l'a jamais vu se presser. Dans les couloirs de la radio, même à quelques minutes d'un direct, il s'avance d'un pas sûr et mesuré, serein. Fred Hermel, correspondant de la première heure, pèse ses mots quand il s'agit de parler du chef, du taulier. Les yeux écarquillés, il prononce on ne peut plus clairement chaque syllabe : « Gilbert, il me fait peur. Je le crains, Gilbert. Quand on va trop loin, il adopte un certain ton notamment, et là je sais qu'on doit s'arrêter. C'est le baromètre de l'After.» Gilbert Brisbois, puisque c'est de lui qu'il s'agit, est la première voix totalement identifiée et identifiable de l'émission. Pigiste pour la radio au début des années 2000, il a fait son bonhomme de chemin, des reportages aux multiplex, des flash infos à la présentation. Né en 1974 à Strasbourg, Gilbert Brisbois est né au football quelques années plus tard. Dans la même ville.

***

Ce soir de mai 1981, Raymond Domenech est titulaire. L'anecdote fait dire à Gilbert que l'homme le poursuit depuis toujours. Le futur sélectionneur des Bleus et souffre-douleur de l'After est aligné aux côtés de Didier Six ou Francis Piasecki. Le Racing Club de Strasbourg reçoit Bastia et pour la première fois de sa vie, Gilbert met les pieds dans un stade de football. « Strasbourg avait été champion en 1979. C'était le grand Racing, la folie...» Né sur les bords du Rhin, Gilbert a 6 ans à peine lorsque le Racing des Alsaciens purs jus, entraîné par Gilbert Gress, remporte le titre. Son parrain l'accompagne alors à la Meinau. Il découvre le passage au guichet, la montée des marches, les lumières du stade. « Après ça, t'es piquouzé...»

La famille d'enseignants déménage plus tard pour vivre à l'année dans l'ambiance étrange des stations de ski, à Chamrousse au-dessus de Grenoble. Les parents travaillent dans un centre de vacances qui appartient à la ville de Strasbourg. Les petits Alsaciens s'y rendent en vacances ou en classe verte. Gilbert maintient donc le lien avec sa région d'origine en même temps qu'il découvre la vie en internat, à Grenoble. « Je partais le lundi matin tôt et je rentrais le vendredi soir. L'internat, c'était la liberté. On faisait le mur, on faisait les cons… » Après le lycée, il entre en école de commerce à Chambéry et commence un stage de communication au club de handball de la ville. « Le président du club était patron de la radio locale et je passais plus de temps avec les mecs de la radio qu'à faire de la recherche de partenaires. J'ai pas fait d'école de journalisme, je me suis formé sur le tas. »

Un peu plus tard, quand il commencera ses remplacements dans les antennes locales de RMC, son tout premier reportage en septembre 1999 l'emmènera au pied des Alpes, dans cette région d'adoption qu'il connaît parfaitement. Un certain Thierry Claveyrolat, coureur cycliste retiré des pelotons, vient de se suicider. L'ancien maillot à pois du Tour, double vainqueur d'étape, a mis fin à ses jours chez lui, non loin de Grenoble. Toutes les télés et les radios locales se pressent alors dans le village de celui qu'on surnommait « L'Aigle de Vizille ». Le grimpeur de poche était la coqueluche du coin et régnait sur les cols alentour, notamment celui de Laffrey qu'il pouvait redescendre les yeux fermés. Seulement, quelques mois avant son suicide, Claveyrolat est responsable d'un accident de voiture sur la route de ses entraînements de toujours. Les passagers de la Renault 19 entrée en collision sont grièvement blessés. Quelque temps plus tard, l'homme gagne le jackpot à *La Roue de la fortune*... L'histoire est dingue et elle a marqué Gilbert qui raconte la suite : « Claveyrolat va voir la famille des victimes et veut leur donner son gain. Mais il se fait rejeter, on lui dit "ton pognon on en a rien à foutre, barre-toi..." Et là-dessus, le mec se suicide. Donc je vais à Vizille pour la radio, je vais voir les commerçants, et tous les gens que je rencontre me fracassent le mec. Ils me disent "on l'aimait pas", etc... C'était mon premier reportage, merci du cadeau ! Un bon bizutage... »

Gilbert enchaîne les missions puis il part s'installer en Australie après avoir démarché plusieurs rédactions. Dans l'hémisphère Sud, il vit en décalage horaire, sans coup de fil avant 13 heures. Le boulot et la paix. C'est un peu comme dans les albums de Tintin : Gilbert est dans tous les bons coups, des jeux Olympiques de Sydney à l'Open d'Australie. Il se retrouve même au milieu d'un coup d'État militaire aux Fidji ou dans les vestiaires du club de rugby de Wellington pour une interview exclusive et inespérée du plus grand joueur de rugby de l'époque, Jonah Lomu. Plus tard, de retour en Europe, il suit le Tour de France pour la radio, accroché à un motard barjot. Dans les descentes de cols, il ferme les yeux. Quand il les rouvre, Laurent Jalabert est à quelques centimètres de lui en train de prendre l'aspiration dans les roues.

Gilbert aime les terrains et il raconte cette vie sous toutes les latitudes avec une nostalgie de sédentaire. Voilà quinze ans maintenant qu'il ne quitte plus les studios de la radio, sauf quand l'émission est délocalisée pour l'After Tour ou quelques rares affiches de Coupe du monde ou de Ligue des Champions. Depuis qu'il anime l'After, Gilbert mène une autre existence, le quotidien minuté et décalé des journalistes du soir. C'est un rythme inversé. Il s'endort au milieu de la nuit, se réveille après 9 heures et rejoint la rédaction à partir de 15 heures, jusqu'à minuit. D'ailleurs il remarque, fataliste : « L'After, c'est un truc de divorcé... Parce que le soir, on n'est jamais chez nous. Et ça fait vingt ans que je bosse le week-end. Mon temps libre ne correspond pas à celui des gens. Mais ça me convient assez, je suis plutôt un solitaire. »

Après la Coupe du monde 2006, l'émission s'installe dans le paysage. Elle est moquée avant d'être redoutée, et dans les souvenirs de Gilbert, c'est Jean-Michel Aulas qui, avec condescendance, en parle comme d'un café du commerce. Gilbert s'amuse d'une expression parfaitement adaptée à son programme, et quand l'After fera la une de *So Foot*, Gilbert et Daniel seront pris en photo devant le café parisien du XVe arrondissement. L'animateur raconte : « L'expression vient de l'époque où Dassault, patron du *Figaro*, allait déjeuner au Café du commerce, écoutait ce qui se disait aux tables autour, rentrait au journal et rapportait : dans le journal de demain, faut parler de ça et de ça. Les journalistes gueulaient : il nous saoule avec son Café du commerce ! Moi, j'en suis fier qu'on soit une émission popu écoutée par les mecs qui sortent du stade. Et ça va du chirurgien à l'ouvrier.

On a un auditoire très large. Après à l'antenne, ça va, il n'y a pas d'insulte, pas de mecs bourrés… »

À ce moment-là, alors que l'émission revient de plus en plus, s'installe doucement, elle n'est toujours pas baptisée. En bref, l'After ne s'appelle pas encore l'After. Un après-midi, dans l'immeuble RMC à Issy-les-Moulineaux, Gilbert voit entrer le directeur de la radio, Alain Weill. Le « big boss » lui demande :

« Alors, votre émission, ça avance ?

– Bah oui, mais on ne trouve pas de nom… »

Un ange passe. Court silence. Et on imagine bien la scène : Gilbert en sweat-shirt baskets à côté de son patron en costume gris, dossiers sous le bras. Avant que l'ascenseur ne s'ouvre, Alain Weill se retourne et répond : « Pourquoi vous n'appelez pas ça l'After ? » La porte de l'ascenseur se déploie, Alain Weill disparaît dans un couloir. Les battants métalliques se referment sur Gilbert qui en rigole encore après toutes ces années : « Le mec a eu une fulgurance... »

L'émission a découvert son style, ce qui en radio s'appelle le ton. Elle a trouvé ses personnages, tous prêts à jouer leur rôle. Daniel, l'agitateur. Gilbert, le métronome. Autour d'eux, des chroniqueurs intérimaires prêts à faire le sale boulot : défendre la Ligue 1 ou les entraîneurs français, subir les foudres de Riolo. Identifiable désormais, elle vient de se trouver un nom. Elle s'appellera l'After Foot. Mais tout le monde dira : l'After.

CHEZ DANIEL

« *Stessa spiaggia, stesso mare* », même plage, même mer, chantait Piero Focaccia dans les années 60. L'été, comme il l'a fait l'an passé, et comme il le fera l'année suivante, le vacancier italien vient planter son parasol au même endroit. La famille Riolo n'échappe pas au rituel des vacances à la mer. En juillet, ils quittent Ris-Orangis pour la Sicile, et le village d'origine du père.

« Les premières vacances en Italie dont je me souviens très bien, c'est l'été de la Coupe du monde 1978. J'ai 8 ans. Et je prends conscience que le foot en Italie, c'est autre chose… » Daniel rassemble ses souvenirs dans son salon parisien, autour d'un plat de pâtes au thon. Les yeux fatigués par le tennis matinal, son exercice quotidien, il s'est mis en cuisine. Car les *rigatoni al tonno e pomodoro* de Daniel sont fameux dans les couloirs de la radio. À l'antenne, parfois, c'est même un sujet très sérieux. On ne rigole pas avec les pâtes. Ni avec le football, d'ailleurs. « Toute ma vie par rapport au foot c'est : en Italie c'est mieux, c'est plus sérieux. Ici en

France, le foot c'était les vacances. Là-bas, c'était une affaire sérieuse. On ne rigolait pas avec le foot. » Enfant, Daniel participe aux matches de rue, au tournoi du village. Et en Sicile, il voit bien que les garçons jouent mieux qu'en France. De façon plus sérieuse, plus passionnée. « Moi qui ne suis pas mauvais, là-bas on me met dans les cages. Ils jouent à des postes alors qu'ici tout le monde court derrière le ballon. Ils sont organisés, ils ont leur club. Ils sont *interista*, *juventino*... Quand je rentre en France, on joue au foot avec les copains et ici, t'en as qui sont pour le Brésil, pour la Hollande... Petit, je crois même que j'ai le maillot de la Hollande chez moi. J'ai un maillot de Nottingham Forest qui gagne la Coupe d'Europe en 1979. Personne n'est attaché à un club, personne n'est attaché même à l'équipe de France. Alors c'est vrai qu'il commence à y avoir Platini, qui fait qu'on s'attache de plus en plus aux Bleus, mais ça n'a encore rien à voir... »

Cet été-là, les juke-box chantent *Stayin' alive* des Bee Gees, *Una donna per amico* de Lucio Battisti, et l'équipe de France est enfin de retour à la Coupe du monde. Dans une Argentine verrouillée par la dictature militaire, les Bleus de Michel Hidalgo jouent leur premier match de poule contre... l'Italie. Sous le soleil de Mar del Plata, Bernard Lacombe marque dès la trentième-huitième seconde à la réception d'un centre de Didier Six. Début juin, avant les vacances, Daniel regarde le match en banlieue parisienne. « Je suis là avec un copain et on est tout content quand Lacombe marque. On saute partout et mon père qui n'a pas bougé nous dit : "Calmez-vous les enfants, ça vient de commencer." » Paolo Rossi égalise puis l'Italie l'emporte 2-1. Le décalage horaire condamne les enfants à manquer le match des Bleus contre l'Argentine qui se joue la nuit. «J'ai pas le droit de le voir, évidemment...» Quelques jours plus tard, à l'occasion d'une fête de famille, « un baptême ou une première communion, je sais plus », ils sont encore debout à minuit pour assister à la seule défaite des futurs champions du monde argentins contre l'Italie. «Mes parents n'ont que des amis italiens. Pendant la fête, la télé est allumée et les gens regardent le match. Je me dis : c'est bien beau, toi t'es petit, t'es pour l'équipe de France, mais en fait regarde autour de toi. Ta famille est en transe parce que l'Italie est en train de jouer. Parce que pour eux, c'est un grand moment. Parce que l'Italie à la Coupe du monde, c'est une grande histoire. Ils sont en train de battre l'Argentine chez elle, et regarde comme ils sont contents et passionnés. Mais ça ne me suffit pas encore pour me dire : tu es Italien. Je suis encore pour l'équipe de France, naïf, avec les Bleus qui se font sortir au premier tour. »

Daniel se souvient d'une même fête de première communion chez les voisins d'en face, Français eux, le soir de France-Hongrie. Le match débute avec une heure de retard, et il est resté célèbre pour le camouflet des maillots qui oblige Platini et les siens à jouer en vert et blanc, les couleurs du club local de Kimberley. Ce soir-là, l'émotion contraste avec les matches de l'Italie. Car personne ne regarde le match. Tout le monde s'en fout, même son père. La télévision fonctionne pour personne, dans une pièce vide. Daniel traverse la rue pour voir la rencontre chez lui. Victorieuse ce soir-là, l'équipe de France est d'ores et déjà éliminée et il finit par suivre l'épopée italienne. « Je sens que c'est important pour ma famille, pour mon père, mais je n'ai pas encore conscience de ma double culture. » Daniel a conservé une photo du petit garçon de l'été 78. Il pose avec l'équipement complet de la *Nazionale*. Il se confie : « C'est la première fois que je mets le maillot de l'Italie. Et que je dois comprendre que c'est ça, mon équipe. »

***

L'après-midi s'allonge. Le café noir de la *macchinetta* réveille la tête embuée par le vin blanc sicilien. Daniel fume sa cigarette à la fenêtre et se souvient : « Le foot n'est pas rentré dans ma vie. Le foot il était là, dans la rue devant chez moi, avec les voisins. On jouait sur le ciment. Y avait des plus grands, des plus petits, on faisait des matches. Le père d'un de mes amis jouait en foot corpo le samedi. Il nous emmenait et on jouait à côté. Et puis le foot est là par Saint-Étienne d'abord, avec Saint-Étienne-Liverpool en 1977, premier choc visuel avec une équipe que tout le monde supporte. On est tous Verts. Mais c'est quasiment le dernier grand match des Verts en Coupe d'Europe puisqu'ils se font éliminer. C'est la fin des Verts, ce match. Quand je commence à les voir, je les vois perdre... En fait, le foot pour moi, c'est que des déceptions quand je suis gamin. Je suis triste et faut pleurer. »

«Juste après, il y a l'épopée de Bastia que j'avais suivie parce que ça passait à la télé. Si ça passait à la télé, je suivais. Mon père me laissait regarder les matches. Le football de club, tu le voyais pas. Il fallait voir *Téléfoot* mais c'était tard. Fallait attendre *Numéro Un*, puis *Dallas*. Fallait tenir pour avoir des pauvres images... Donc tu ne voyais que les aventures en Coupe d'Europe, Bastia 78 puis plus rien. Même Sainté-Hambourg avec Platini où ils gagnent 5-0 là-bas, il passe pas à la télé. Les images de ce match, elles arrivent le dimanche d'après à *Stade 2*... (...) L'Euro 80, je regarde. La France n'y est pas, l'Italie y est. Donc à chaque fois j'ai l'impression que pour eux, c'est plus sérieux. Et puis mon père était toujours à dire: "Nous, on joue au foot. La France, dans le foot, c'est anecdotique, ça n'existe pas." L'Euro 80 en plus est en Italie, il y a un match aux pénos contre la Tchécoslovaquie que je regarde... On suit l'Italie. Il y a toujours quelque chose qui se passe avec eux, alors qu'avec nous, c'est plus aléatoire.»

Daniel a 12 ans lors de l'été 82. L'âge de l'entrée au collège, des souvenirs distincts, des émotions fortes et de la soif d'indépendance. Son cœur balance toujours entre la France et l'Italie. Et au début de l'aventure, en juin, les Bleus sont très forts et les Italiens mauvais. Le père de Daniel est écœuré. Paolo Rossi ne marque plus et après trois matches nuls, c'est par miracle que la *Nazionale* se qualifie pour le second tour. L'Italie n'y croit plus. Elle doute puis reprend espoir avec la victoire contre l'Argentine. Le 5 juillet 1982, Paolo

Rossi n'a toujours pas marqué un but quand se présente le Brésil de Socrates. « Ce match est violent émotionnellement. Mon père, je vois que ce match le met dans un état... Je me rappelle que ma mère lui avait dit de se calmer car il avait eu de la fièvre pendant le match. Faut dire, c'est un match incroyable, de légende. Paolo Rossi, les trois buts... Mon père qui dit "finalement, il est fort". Il est en transe, il a de la fièvre. Et je me dis, si ça le met dans cet état-là, c'est que ça doit être important... » L'Italie se qualifie pour la demi-finale, Paolo Rossi marque encore. L'après-midi de Barcelone précède la nuit de Séville. Dans l'autre match, la France est éliminée par la méchante Allemagne. Daniel se souvient d'une nuit de larmes et du départ le lendemain matin pour la Sicile. Il quitte un pays triste pour une patrie en liesse. L'Italie prépare sa finale, son Mondial. Les vacances italiennes commencent par trois jours de fête. En famille, on décore la rue, on suspend fanions et drapeaux, on fait à manger pour toute la tribu. Les enfants courent partout. Ils quittent les jupes des mères pour s'offrir des parties de foot endiablées. Du 9 au 11 juillet 82, combien de petits Italiens ont tiré devant un but de fortune en se prenant pour Rossi ? Même ceux qui gardaient les cages, les plus nuls, se sentaient un peu Dino Zoff.

« La finale est diffusée dans un local. Il y a du monde partout, je vois pas grand-chose parce que je suis petit. Je suis pris par la folie collective et je me dis : il y a pas vraiment de mystère, c'est ton pays, t'es pour eux. » En première mi-temps, juste après le penalty raté par Antonio Cabrini, une coupure de courant condamne une partie du village. Daniel se rappelle une foule en transhumance vers l'autre moitié du village, un foutoir pas possible. Et ce type qui escalade un balcon et s'invite chez des inconnus pour regarder la télévision. Ces souvenirs de liesse sont gravés pour toujours. Ils disent l'enfance et préparent l'homme qu'il devient. L'Italie bat l'Allemagne, elle est championne du monde 1982. C'est la magie d'un Mondial vécu dans un pays de foot à l'âge formidable des grandes insouciances.

Dans les années 80, comme la plupart des petits Français, Daniel vibre pour Platini dans lequel il reconnaît aussi ses racines italiennes. La France est Platini et supporte même la Juve dont certains matches sont diffusés à la télévision. De l'Euro 86, il se souvient du France-Italie remporté par la France. De Platini toujours. « Et puis après 86, la France disparaît. En grandissant, parce que tous mes étés sont en Italie, je sais que je suis Italien, que toute ma culture, le foot, tout, c'est là-bas. Avec la Coupe du monde 90, le transfert est définitif. »

***

Chez Daniel, l'Italie n'est pas qu'une vague idée ou le lointain souvenir des étés siciliens. Elle s'invite des murs à l'assiette. Le vestibule est un couloir des souvenirs. La une de la *Gazzetta dello Sport* du 9 juillet 2006 a été encadrée.

Le journal rose annonce solennellement : « *Berlino, ore 20h : Italia-Francia. Abbiamo un sogno.* » Sur le mur, les grands ont été mis sous verre. Maradona notamment, sa main de Dieu et la une de *L'Équipe* au lendemain de sa disparition. Plus haut, on découvre le visage en noir et blanc, grave et mutique, de Safet Susic. Et le maillot du PSG siglé RTL, celui des années Dahleb, Fernandez, Rocheteau… L'élégant numéro 10 bosniaque et les grandes gloires du PSG, Daniel a pu les rencontrer pour un ouvrage qu'il a publié sur l'histoire du club. Un livre d'entretiens avec Luis, sorti en 2008, l'a aussi replongé dans ces années-là.

Mais le PSG, dans un premier temps, est seulement le club d'à côté. Qu'il a vu pour la première fois à la télé lors de la finale de la Coupe de France remportée contre Sainté en 1982. L'idée lui plaît de supporter le club à côté de chez soi, bien qu'il n'y ait eu aucune transmission familiale, ni même amicale puisque personne ne voyait jouer le PSG. D'ailleurs, pour Daniel, le Parc des Princes est avant tout le stade des Bleus, celui des exploits de Platini, de la finale de l'Euro 84, des finales de Coupe. Il récite, nostalgique : « Mesdames, mesdemoiselles, messieurs, bonsoir en direct du Parc des Princes. » Il s'y rend la première fois avec son club de Ris-Orangis pour un France-URSS en 1980. Son père est casanier et n'est pas un grand amateur de la sortie au stade. « Pour lui, aller au stade, c'était compliqué… Et puis il avait l'image du stade à Palerme, il disait que c'était trop le bordel. » Dès qu'il est en âge, Daniel s'y rend avec les copains. Étudiant, il fréquente la tribune Boulogne, seule tribune populaire à une époque où Auteuil héberge encore une partie des supporters adverses. La culture foot, la culture ultra était à Boulogne. Avec les potes, ils remplissent une bagnole et se pointent au stade deux heures avant le match avec le sandwich. La suite, les années noires, la rupture avec son passé au stade, il la raconte plus gravement.

« Les années 2000, ça m'a saoulé. La rivalité Boulogne-Auteuil, je l'ai mal vécue. Cette violence me fatiguait. Être ultra, ça doit pas être ça, des mecs du même club où se dressent des idées politiques. C'était insupportable. Avec le premier mort en 2007, je me suis détaché de plus en plus. Et en 2010, c'est pire, ça se passe entre supporters. Autant j'avais fermé les yeux sur les violences de Coupe d'Europe, les PSG-Arsenal etc... Je me disais, ça fait partie du truc et quand t'es jeune, la violence te fait moins peur. Tu la regardes de loin. Mais quand ça se passait entre nous, alors là je comprenais pas. Et je voyais bien ce qu'il se passait, l'instrumentalisation politique, les prémices des fractures sociales de la France d'aujourd'hui... Je comprenais bien ce qu'il se passait mais je n'avais pas envie de le vivre. Après le livre sur la rivalité PSG-OM en 2003 qu'on a écrit avec Jean-François Pérès, on m'invitait sur les plateaux pour parler des supporters et franchement, j'ai tout le temps défendu les ultras, le bien immatériel derrière l'économie du foot, l'appartenance. Quand ils ont buté Yann Lorence, là, ça m'a saoulé. Alors quand le plan Leproux s'est mis en place, je l'ai soutenu et on m'en a voulu... Mais vous voulez qu'il y ait combien de morts encore ? Arrêtez de dire que c'est anecdotique, que c'est pas ceci, pas cela...»

«Je me souviens du choc quand j'ai appris que Boulogne était dissoute, que toutes les associations explosaient... Ça a été un vrai choc mais assez vite je me suis dit : il n'y a pas d'autre moyen, faut tout faire exploser parce que les mecs vont finir par se buter dehors. Là, il y a eu rupture avec mon passé stade, avec les ultras que je défendais. Ça n'était plus pour moi. J'y étais, je sais ce que c'était. On disait des trucs horribles au stade, horribles... Alors passez pas pour des enfants de chœur. La violence, elle était là, et c'est pas parce que c'est une violence populaire qu'elle est excusable. J'ai vu les attentes du bus de l'OM, les caillassages. Quand t'as 25-30 ans, ça te fait marrer, tu suis le truc de près ou de loin. Après, quand tu grandis, tu te dis : on va peut-être arrêter deux secondes... ? On va peut-être se dire que retourner une voiture parce qu'elle est immatriculée 13, c'est débile ? J'observais beaucoup. Des conneries, j'en ai dit, j'en ai fait. Mais aussi je détestais le discours sur les tribunes latérales, moins passionnées et tout. Non, c'est pas vrai ! Ils aiment le foot autant que nous, et ils sont passionnés autant que nous. Ils venaient déjà là dans les années Hechter, ils sont capables de parler de Dahleb et tout. C'est pas parce que tu vas au stade deux heures avant, que tu bouffes un sandwich moisi le cul gelé que tu es plus passionné...

Je voyais pas en quoi le surclassement social était un mal. Si j'avais eu les moyens de payer une place en latérale, j'y serais allé.»

En 1996, manque de chance, il n'est pas à Paris pour la consécration en Coupe d'Europe. Daniel suit l'épopée parisienne de loin. Il est en échange Erasmus à Rome, à l'université de Tor Vergata. Il regarde les matches à la télévision italienne mais la déception du supporter expat' est bien peu à côté de l'atmosphère bouillante du foot italien des années 90. La Serie A est à son zénith et surtout, Daniel découvre les dimanches après-midi bordéliques devant *Quelli che il calcio*. Présentée par Fabio Fazio et Marino Bartoletti, l'émission accompagne les matches de 15 heures sans les images, en se fiant à la fois aux commentaires sérieux des journalistes et aux remarques passionnées de supporters triés sur le volet en plateau: le comédien fan de la Roma, la bonne sœur *laziale*, le supporter de la Juve originaire d'Afrique… Dans le stade, on vit le match en tribune avec des membres de la famille des joueurs. Durant quatre heures, *Quelli che il calcio* électrise les canaux de la RAI. On préfère même suivre les matches dans ce joli foutoir qu'avec les images des chaînes privées. Le programme surréaliste rassemble aussi tous les clichés de la société italienne: le clergé, le monde du spectacle, la famille, la grande bourgeoisie… «J'avais trouvé ça complètement fou. Quand j'étais rentré et que j'avais commencé à être journaliste, je me suis dit: est-ce que tu pourrais faire ça ici…?»

L'émission, qui n'est possible que dans un pays où l'on parle de foot du petit-déjeuner au dîner, donne quelques idées à Daniel. Déjà, il songe à transposer certaines choses en France. L'After est encore loin, bien sûr, mais l'émission se prépare inconsciemment. Journaliste sportif à Paris, commentateur des matches sur TPS, Daniel rencontre Gilbert en reportage au début des années 2000. Les idées de l'un rejoignent celles de l'autre. La suite, on la connaît.

Ses vacances d'été, Daniel les passe toujours en Sicile aujourd'hui. La Serie A n'est plus aussi prestigieuse mais il la suit de loin et par procuration aussi, échangeant quelques messages lors des gros matches avec ses cousins. Son métier l'a aussi obligé à prendre du recul avec ses passions. Chez Daniel, le PSG s'affiche en grand sur le mur de l'entrée mais le club n'est pas relégué dans le musée des souvenirs. « Aujourd'hui, dit-il, la mentalité de certains joueurs me dérange. Mais quand ils jouent en Ligue des Champions, je suis toujours à fond. »

On a étiré l'heure du café jusqu'à 16 heures. Peu de temps avant de prendre congé, on demande à Daniel quel joueur, selon lui, incarne la vision du foot de l'After. C'est l'occasion de se faire raconter une dernière anecdote, celle d'un pari lancé au commencement de l'émission. Daniel, Gilbert et les autres se promettent d'arrêter définitivement l'émission le jour où ils réussiraient à faire venir Diego Maradona. Pour ces enfants des années 80, le *Pibe de Oro*, son talent et ses excès, sa soif de rédemption, est un idéal quand on considère le football comme un objet culturel passionnel. Alors inviter Maradona… Quinze ans plus tard, la blague fait sourire Daniel. L'After n'est pas près de s'arrêter et il reconnaît : « En plus, on n'a jamais essayé… »

« NOLAN ROUX ? IL A LARGEMENT SA PLACE EN ÉQUIPE DE FRANCE »

D'aussi loin qu'il s'en souvienne, son tout premier After, Florent Gautreau l'a passé entre Tours et Montoir-sur-le-Loir, dans les années 80. C'était en voiture, en rentrant du stade de la Vallée du Cher, avec son père et ses amis. Il est bien 23 heures dans la Peugeot 505 familiale ou dans la Citroën GS des copains, sur la route départementale en direction de Vendôme, et l'ambiance n'est pas vraiment la même selon que le Tours FC ait gagné ou perdu. Florent fait l'apprentissage de l'après-match et les états d'âme du petit garçon sont indexés sur les résultats des Ciel et Noir. En suivant le match à distance, sa mère sait déjà quelle sera l'humeur de son fils le lendemain matin. Il a une petite dizaine d'années et le football devient une histoire personnelle au point de ne pas supporter la défaite, de préparer les matches deux jours avant et de vivre chaque rencontre avec une passion presque douloureuse, une intensité pathologique.

Le père de Florent est enseignant et dirige le club de foot local, à Montoir. Florent y évolue des poussins aux cadets. La famille se passionne pour les sports patrimoniaux :

le Tournoi des Cinq Nations, le Tour de France, la Formule 1. C'est la grande époque du sport français. On vibre en juin avec Yannick Noah et on transpire en juillet avec Bernard Hinault. Les étés 82 et 84 des Bleus sont beaux, dramatiques et fabuleux tandis qu'Alain Prost s'apprête déjà à dominer la Formule 1. Miracle supplémentaire, l'équipe de la région, le Tours Football Club, monte en première division à ce moment-là et atteint même la demi-finale de la Coupe de France en 1982. Florent a l'âge où l'on se passionne avec le plus d'intensité sans doute pour ce sport. Sa chambre se recouvre d'affiches glanées dans *Onze* ou dans *Mondial*. Il s'endort aux côtés de Platini, Maradona, Keegan, Rummenigge, du poster de l'équipe du Tours FC au complet : la photographie prise en début de saison au centre d'entraînement avec les cases blanches en bas pour l'autographe de chaque joueur. La boutique du club est un monde merveilleux et Florent s'attache définitivement aux couleurs bleu ciel et noir, celles de son enfance, du premier stade plein dans le halo des projecteurs. Celles qu'il donnera plus tard à la casaque du jockey qui monte ses chevaux de course. De son environnement d'enseignants laïcs, il gardera aussi une manière d'être au stade comme en religion, à savoir une pratique sans ostentation, personnelle voire intime. Le ventre noué, il se sait incapable de chanter pendant un match et comprendra toujours les stressés, les solitaires, les silencieux.

Un jour, à l'école, on demande aux élèves de raconter le métier qu'ils souhaitent exercer plus tard. Le sujet de rédaction classique. Florent ne rêve pas d'être astronaute, éboueur ou Johnny Hallyday. Il se contente de parler du journalisme sportif, et de citer un homme à peine connu à l'époque et qui devait incarner l'aventure sport de Canal+ : Charles Biétry. Le garçon a la tête sur les épaules. Et vingt ans plus tard, quand sa carrière de journaliste sera lancée, sa tempérance et une certaine neutralité deviendront une des clés de la réussite de l'émission. Journaliste au service des sports du journal de France Télévisions, Florent est contacté par Gilbert qu'il côtoie régulièrement sur des reportages.

***

Au mois de janvier 2021, chez lui dans la banlieue de Rennes, le nouveau directeur de France Bleu Mayenne revient sur ses débuts. Il a le visage émacié, le regard bleu clair. Il parle moins de lui que d'un programme qui continue de l'habiter profondément. Il s'en est éloigné pour d'autres aventures mais se doute qu'il pourra y retrouver un micro à n'importe quel moment. Il raconte : « Avant la toute première, je me souviens du moment où Gilbert m'a appelé pour me parler de l'émission. Je donnais un cours au CFJ (*Centre de formation des journalistes*), j'étais à France TV à l'époque. Gilbert me parle de cette émission de débat dont on avait déjà discuté. Il me dit : “On a pensé à toi pour intervenir ponctuellement.” Là, y a pas de considération d'argent ou quoi, tu y vas, c'est tout. On en avait parlé avec Gilbert car on se voyait sur des reportages, on avait sympathisé. Il y avait aussi ces matches de foot entre journalistes. En parlant foot, on s'était rendu compte de cette absence de culture football. Les exemples venaient d'Italie et d'Espagne, mais plus l'Espagne avec la tradition des débats radio. En fait, c'était un mélange du talk à l'américaine, importé par Alain Weill et François Pesenti, et de culture foot d'un pays comme l'Espagne et que nous n'avions pas.»

Son observation minutieuse et dépassionnée du football, Florent la doit aussi à cette enfance provinciale passée dans l'admiration des champions mais sans l'ombre pesante d'un gros club. «J'ai jamais été identifié à un club important. L'objectivité est peut-être une connerie mais du coup je peux être totalement froid sur un match de Coupe d'Europe ou un PSG-OM. Certains vont aller dans le dépit amoureux mais ça peut biaiser le raisonnement en étant trop dur ou ultra fan. Je pense que Daniel est trop dur parfois avec le PSG. Daniel qui essaie de se dépatouiller avec son truc "je suis supporter, je suis pas supporter", ça me fait marrer. Je le laisse se démerder...» La relation entre les deux éditorialistes est aussi fondée sur une estime mutuelle. «Avec Daniel, déjà, on se respecte intellectuellement et on n'a pas une vision si éloignée du foot que ça. À un moment donné, il n'y avait plus que l'animateur, Delpérier, et Daniel. François Pesenti s'est dit que ça allait donner une tribune à Daniel et c'est là que je suis rentré en ligne de compte. C'était nécessaire. Avec moi, il va s'éviter quelques facilités. Sur certains sujets, ça peut même lui arriver de reconnaître que j'ai raison. Daniel voit le verre à moitié vide. Il est décliniste, il ne veut pas voir qu'il y a une évolution, même en Ligue 1. Par exemple, les coachs étrangers, on en a jamais eu autant ! Et il y a des coachs qui changent : Dall'Oglio, Pélissier... Mais Daniel sait que la virulence est mieux payée. »

« On se rejoint sur la nostalgie d'une autre époque, d'un autre football. Je suis contre les poules en C1 et contre la Coupe du monde à 32. Je suis aussi pour une forme d'élitisme et pour une forme de risque lié à la compétition. Les poules d'octobre-décembre en C1, elles ne servent à rien. 97 % des équipes qui doivent se qualifier finissent par passer. Et le 31 janvier tu fais *reset*, tu repars à zéro. C'est pareil à la Coupe du monde, ça ne commence vraiment qu'en huitièmes... »

À la fin des années 2000, Florent, à sa manière, commence une double vie. France Télévisions le jour et RMC la nuit. Il lui arrive même de commenter des matches de Coupe pour la télévision nationale et d'enchaîner directement avec l'After. Pas vraiment le même ton. La rédaction lui donne l'autorisation d'intervenir sur la radio mais la double casquette devient compliquée à assumer. Les rédacteurs en chef de France Télé, quand ils reprennent leur voiture en sortant du boulot, l'entendent en direct à la radio... En 2014, comme il dit, « ça explose un peu ». Florent quitte France Télé, en bons termes, monte son auto-entreprise et travaille en tant que prestataire pour RMC. Il fait les week-ends, anime l'émission dès la rentrée 2014. L'été, il n'est pas rare qu'il enchaîne cinq émissions par semaine. En 2017, il quitte une première fois RMC pour Equidia.

« La communauté se remet en marche quand je reviens en 2019. Je ne faisais que le lundi. Ça a été court, mais c'est de ma faute... Par contre, c'est tombé à un moment où on faisait l'After Tour. J'ai fait Lille, Montpellier et Lyon. C'était sans doute pas les meilleurs à entendre mais c'était drôle de se retrouver dans les communautés, à la fois des supporters de clubs et des fans de l'After. Et là, c'est quand même énorme... On est un peu comme un groupe de rock en tournée. Entre ceux qui participent à l'émission, ceux qui n'ont pas pu et qui t'attendent à l'extérieur... T'as des fans, mais des fans avec lesquels tu discutes. Des mecs qui te sortent un truc qui date d'il y a six ans... Le fameux : "Il ira en équipe de France ou pas". Nolan Roux, Ntep, les mecs te ressortent ça... À l'inverse, Delort, très vite je l'ai remarqué. Évidemment, il y a Giroud aussi, que j'ai vu très tôt car c'est à Tours en D2 qu'il explose. Il a un parcours très compliqué, on pense qu'il va pas marcher, il est à Grenoble... Et là on récupère Koscielny derrière, qui joue pas vraiment à Guingamp, et Giroud devant... Tu as les futurs tauliers de l'équipe de France. Par hasard, j'ai vu l'ascension de ces mecs-là et je les ai défendus. Je les ai portés, j'y croyais. Je me souviens que Daniel suivait la Ligue 2 à l'époque. Quand Giroud arrive à Montpellier, il me demande : "Mais tu penses vraiment qu'il a le niveau Ligue 1... ? " J'avais dit oui, il a le niveau Ligue 1. Par contre, si on m'avait dit quand il était à Tours qu'il marquerait autant de buts, qu'il dépasserait Platini en équipe de France…»

La progression des joueurs est sans doute une des obsessions de Florent Gautreau. Il ne souhaite pas porter un avis définitif sur un joueur, et la discipline à laquelle il se soumet tranche avec certaines postures qui caractérisent le programme. Polo intraitable sur Marcus Thuram. Rothen et Daniel, de la même manière, très moqueurs sur Adrien Rabiot. Lui rétorque que «chacun a le droit à l'erreur. C'est presque philosophique. Moi, je pense qu'on peut évoluer. C'est l'exemple de Giroud à qui on a dit à Grenoble qu'il n'y arriverait jamais. Non, les joueurs peuvent changer, ils peuvent progresser... et disparaître aussi, c'est vrai.»

Après un bref retour à l'After à la rentrée 2019, Florent est reparti dans l'Ouest et il a pris ses distances avec l'émission. Entre sa vie de famille, ses responsabilités à France Bleu Mayenne, sa passion pour les chevaux, son besoin de grand air, il ne peut plus suivre le feuilleton au quotidien. Avec le recul, il examine ce qui fait la réussite de l'émission : les personnages et leurs digressions, un horaire tardif qui donne un sentiment de familiarité. «Mais y être tous les soirs, c'est pas facile. Tu peux être critique avec des gens comme Daniel qui y sont très souvent, mais c'est un peu comme un spectacle, des artistes qui créent… C'est difficile d'être bon tous les soirs. Sur une émission comme ça, il y a forcément du déchet. Moi, j'ai eu de la chance de ne jamais y être tous les soirs. Quand je suis revenu, je n'y étais que le lundi, je pouvais avoir le recul nécessaire pour revenir sur les choses, travailler mes sujets… Mais en ce moment en plus, on est en manque de sensations sportives. Et cela explique que tu traites des droits télé, de la pandémie. C'est peut-être moins passionnant… Mais la réussite, c'est de se dire quand même que si tu veux écouter quelque chose d'intelligent sur l'histoire du foot, t'as une base. T'as l'After avec des choix rédactionnels de qualité. »

Au printemps 2020, quand le confinement est décrété, Florent se retrouve en quelque sorte dans la peau d'un auditeur lambda, à la recherche d'un peu de réconfort. Sa femme et ses enfants vivent encore en banlieue parisienne. Il est parfois seul à Laval pour les nécessités de son nouveau travail, et se souvient de soirées importantes en compagnie de l'After. Pendant ces deux mois sans football, l'émission n'a rien changé à ses habitudes, ou presque. Florent raconte : « Quand l'After se crée, ce n'est que de l'après-match. Et comme ça marche, on duplique l'émission aux soirs sans match. C'est ça qui a fait la réussite de l'After. La dimension patrimoniale et affective ne serait pas apparue s'il n'y avait pas eu les soirs sans match. » Pendant le confinement, l'After d'exception devient la règle. La reprise du championnat se transforme en feuilleton qu'on suit au jour le jour. Le récit sportif, les souvenirs, les longues digressions culturelles prennent la place du débrief des soirs de match. « Ça a sauvé des gens », témoigne Florent.

Entre-temps, Nolan Roux n'aura jamais été sélectionné en équipe de France mais on n'en voudra pas à Florent d'avoir cru en lui. L'attaquant aura fait des heureux à Brest, Lille, Saint-Étienne, Metz, Guingamp et Nîmes. Il aura même fait chanter Julien Cazarre. C'est toujours ça de pris.

« TU VOIS QUI C'EST, PHILIPPE LUCAS ? TU VOIS LE BONHOMME ? »

Quand Neymar lobe Koubek pour le 2-0, Jérôme Rothen se tourne vers son voisin de tribune et lui glisse, un brin moqueur : « Bon, je crois que vous allez en prendre cinq... » On joue seulement la 22e minute de la finale de la Coupe de France 2019. Invité du Parisien ce soir-là, Jérôme Thomas se fait une raison. Voilà trois décennies qu'il supporte le Stade Rennais, alors la déception, il la sait. Elle est presque devenue un mode de vie. Et pourtant, on connaît la suite de l'histoire. Face à un PSG en vacances depuis son élimination contre Manchester United en C1, le Stade Rennais égalise, puis gagne aux tirs au but. Rennes remporte son premier grand titre depuis 1971 et une malédiction prend fin. Jérôme Thomas ne sait pas s'il faut rire ou pleurer, quel comportement adopter quand son équipe triomphe. Ce soir de mai, il se souvient seulement avoir bu quelques bières avec un copain après le match ; mais surtout, il se rappelle un immense soulagement.

Dans les couloirs de la radio, le spleen du producteur de l'After est une petite musique bien connue. Max du standard soupire avec compassion : « Jérôme, je l'ai tellement vu souffrir en supporter rennais... »

Jérôme Thomas a 40 ans passés mais il en fait dix de moins. Cheveux taillés court, blond roux, silhouette sportive et démarche posée, il est fin, presque maigre. Il ne semble jamais pressé, jamais stressé, et comme la plupart des bosseurs du soir, sa vie quotidienne est saine et ordonnée. Il mène ce qu'il appelle une « double journée » : 9h-16h à la maison et sur les terrains de sport, 16h-minuit à la radio. Alors on l'attrape sur ses heures de bureau. Il est 6 heures du soir et la nuit d'hiver est déjà tombée comme un couperet. Jérôme Thomas allume une salle de réunion du building RMC et plaisante, en se balançant sur sa chaise : « C'est pas facile de supporter Rennes, hein ? J'en ai bavé jusqu'à ce titre en Coupe de France. Quels supporters se sont fait plus chambrer que ceux du Stade Rennais, sérieusement ? Quand tu supportes Rennes, t'es obligé d'avoir une forme d'autodérision... »

On a donc le sens de l'humour chez les Thomas, puisque le grand-père, déjà, était abonné au stade de la Route de Lorient. Jérôme l'accompagne ainsi que son père, bon exemple de l'abonné désabusé. Du genre à répéter en fin de saison qu'il ne se réabonnera pas mais qui cède au premier coup de téléphone du service d'abonnement en été. « Je me rappelle la première fois que j'ai eu honte de mon équipe, raconte-t-il. J'avais un correspondant allemand qui était fan du Werder. Il avait tout l'équipement, je me souviens. Rennes doit être en D2, on l'emmène voir Rennes-Ancenis et il me demande sérieusement : "Mais c'est vraiment des pros ?" Faut dire, c'était un match dégueulasse. Mais là j'ai eu honte et je me suis dit : merde, c'est ça mon club... ? En fait, t'allais aussi aux matches pour entendre les blagues de papys. »

Jérôme Thomas a tous les symptômes du grand traumatisé. Son premier souvenir de foot, c'est le visage fermé et menaçant de Carlos Mozer entrant sur la pelouse pour un Rennes-Marseille au début des années 90. « Il avait un visage qui faisait peur. Il a fait une flexion-extension en rentrant sur le terrain. Moi, je faisais 1,28 m et j'étais impressionné... » Jérôme a célébré de belles victoires certes, un 4-0 contre Paris, mais il s'agissait alors de se sauver d'une relégation. Et quand le Stade Rennais touche du doigt une qualification en Ligue des Champions, lors de la 38e journée du championnat 2006-2007, le Lillois Nicolas Fauvergue égalise à la dernière seconde des arrêts de jeu. Juste comme ça, pour le plaisir. Supporter le Stade Rennais ressemble à un chemin de croix mais Jérôme Thomas est un vrai. Né à Rennes, petit-fils et fils d'abonnés, il n'a pas choisi son club. Son club s'est imposé à lui. Comme dirait l'autre, c'est la beauté de ce sport, et du football en particulier.

***

Jérôme a intégré l'émission en même temps qu'il embauche chez RMC en novembre 2007. Après sa maîtrise de droit et un master en management du sport, il signe là son premier contrat. Lui n'est pas un auditeur de la radio. Il écoute davantage les musicales. Mais avec l'After, il comprend qu'il a affaire à un ovni. Très vite, il a le sentiment de produire une émission du soir, à la Difool, « un truc d'ados ». Sauf qu'il ne s'agit pas d'histoires de cœur. On parle de football, et avec une liberté de ton jamais vue. « Des gens comme Alain Weill ou Pesenti ne nous ont pas mis de limite. Quand il y avait des débordements, ils nous ont toujours défendus. Donc personne n'a jamais eu peur. » Quand il prend les commandes de la production, l'After est incarné par Alexandre Delpérier et Daniel Riolo essentiellement. Rolland Courbis est souvent là et quelques consultants et chroniqueurs tournent déjà comme Éric Di Méco ou Florent Gautreau. Delpérier ne restera qu'une grosse année avant de rejoindre Europe 1, et de cette première époque, Jérôme retient notamment l'accrochage entre Daniel Riolo et Philippe Lucas.

Le 9 janvier 2008, l'entraîneur de natation est en ligne pour parler de son livre. Alors qu'il défend la Ligue 1, sujet ô combien sensible sur les ondes de RMC, Riolo lui répond : « Je t'assure qu'on se fait jamais autant chier qu'en France. Je crois qu'il faut que tu regardes moins la piscine et plus le foot. » Il est 23h17. Philippe Lucas lui rétorque qu'il n'a pas la même conception du sport. Le ton monte : « Je suis pas là pour me prendre la tête avec un mec qui connaît pas le sport. » Daniel cale un peu, Delpérier se fend d'un rire gras et Philippe Lucas raccroche en direct. « Oh Jérôme, rappelle-moi Philippe ! » demande Delpérier à la régie. Dans la cabine, Jérôme Thomas reprend contact avec l'ancien entraîneur de Laure Manaudou. À l'antenne, il éclate à nouveau : « Je vais lui répondre à ton lascar à côté. Ça va, j'ai 44 ans, je suis mesuré. Autrement, je vais prendre la voiture, j'y vais, et je lui mets deux petites claques dans la gueule à ce branleur.

– Bah viens, répond Daniel laconique.

– Écoute, bonhomme, j'arrive, y a pas de problème. J'arrive dans un quart d'heure. À tout à l'heure. »

Douze ans après, Jérôme Thomas s'en amuse encore et fronce les sourcils : « Tu vois qui c'est, Philippe Lucas ? Tu vois le bonhomme ? Donc tu te dis, si ça se trouve il va vraiment le faire, il va venir. » Au téléphone, hors antenne, Lucas demande : « C'est où la radio là, c'est où ? » Jérôme calme le jeu pendant que Delpérier, devinant le grand moment de radio, insiste et répète : « Dis-lui de venir, dis-lui de venir ! » Le producteur donne l'adresse. « Je lui dis et il me répond : "Ça marche. Tu sais quoi, je vais lui faire fermer sa petite gueule à celui-là." On raccroche et je suis même pas sûr qu'il va venir, je me dis que c'est de la provoc'. Et puis là, vingt minutes plus tard, je le vois qui entre dans la régie. Mais je vois aussi qu'il est pas si énervé que ça. Alors on discute, je lui montre le studio. Daniel n'a rien vu... »

L'entraîneur aux faux airs de Michel Polnareff en débardeur avance sans un bruit dans le studio et se met juste derrière le journaliste. Il lui tape sur l'épaule et Daniel sursaute. « Finalement, il s'est assis, ils ont parlé dix minutes et à la fin, ils faisaient une photo ensemble... »

Jérôme Thomas connaît ses classiques et il a un don certain pour les imitations, de la voix bourrue de Philippe Lucas, son cheveu sur la langue, à celle plus enlevée et *so British* de Philippe Auclair. Il se souvient des rares coups de sang de l'ancien spécialiste du foot anglais. Notamment de celui contre Charles Itandje, le gardien de Liverpool, irrespectueux lors des commémorations du drame d'Hillsborough. « J'en ai plein le cul de ce mec. Charles-Hubert Itandje, tu-vas-te-faire-voir ! » L'histoire de l'After est aussi celle de ses colères. Et Jérôme philosophe : « Le succès de l'émission, hormis la liberté de ton, c'est le talent des gens qui parlent dans le micro. Vous êtes de la famille et comme dans un repas de famille, c'est pas un long fleuve tranquille. Il y a des caractères, des humeurs. T'as l'impression de partager une tranche de vraie vie avec des gens. »

Homme de l'ombre, cité parfois à l'antenne mais jamais derrière le micro, Jérôme décrit le paysage dans lequel il travaille. « Quand t'es producteur radio, t'as pas l'argent d'un producteur à Hollywood, hein... En fait, tu es l'équivalent de chef d'édition en télé. Je participe à la ligne éditoriale et je mets en place la mécanique antenne. Je suis le coordinateur de l'édition en amont et pendant. En bref, je suis l'oreillette de Gilbert. »

« Un After d'après-match, ça roule tout seul. On démarre l'After à poil, on n'a rien prévu avant, ce que tu ne pourrais jamais faire en télé. L'After de trois heures, par contre, je fais que ça de la journée. Je fais de l'éditorial, j'appelle tout le monde et on organise le programme avec Gilbert et Daniel. Une fois que le programme est fait, je le mets en ordre, j'appelle les invités, je fais le conducteur. Il y a des journées où tu peux passer ton temps au téléphone. Je demande à Rothen s'il veut mettre son grain de sel, revenir sur un truc qui s'est dit au cours des émissions précédentes. Mais pour être honnête, je bosse avec Gilbert et Daniel depuis quatorze ans, et je suis fasciné par leur faculté à improviser. Tu les mettrais tous les deux dans une pièce en leur disant, les gars faut faire l'émission dans cinq minutes, et ils te feront quatre heures sans aucun problème. » Après l'émission, il ne fait pas de vieux os. Si les journalistes doivent débriefer, ils le feront le lendemain matin au téléphone. Le sommeil est précieux et Jérôme n'échappe pas aux coups de barre, aux cernes sous les yeux.

Notre entretien prend fin dans les bureaux feutrés de la radio. Jérôme se déplace sans bruit sur la moquette grise de l'open space. Il va voir Gilbert qui prépare l'émission derrière un écran d'ordinateur. Paul Vexiau, le réalisateur, passe dans le couloir et prévient qu'il faudra de la place pour deux publicités en première partie d'émission. Dans sa veste de modeux en satin, Houssem Loussaïef plaisante d'un bureau à l'autre. L'ambiance est détendue à l'approche d'un After de soir de match, et les discussions passent du Racing Club de Strasbourg et de son rival messin au football de l'enfance. L'After est une émission créée par des quinquagénaires et produite par des quadras. Elle n'échappe pas à la nostalgie. Faut dire qu'avant, il y avait des moustaches et des cheveux au vent, des corps curieux dans de jolis maillots. Et puis il n'y avait pas d'arbitrage vidéo. «Je pense que le foot des années 80-90 était dingue, dit Jérôme. C'était pas du professionnalisme jusqu'au bout des ongles, t'avais des mecs qui faisaient les cons...»

Maradona est mort et rien ne sera jamais plus comme avant. Avant de filer préparer son conducteur, Jérôme Thomas conclut: «Je suis nostalgique... Mais c'est peut-être parce que j'ai 40 ans et que je commence à penser au passé.» Le passé, même quand on est Rennais, est une maladie de supporter...

CLOCHARD CÉLESTE

Polo prétend qu'il neigeait ce soir-là. C'est l'hiver 2009 à Paris et les cabines téléphoniques existent encore. Polo attend un appel en PCV, qui finit par arriver. Il décroche. Comme convenu, le standard de la radio est à l'autre bout du fil. Dans quelques secondes, pour la première fois, il sera en direct sur RMC. Les auditeurs découvrent la voix chaude de Polo Breitner, son léger cheveu sur la langue, cette manière d'ouvrir les parenthèses sans jamais les refermer, cette précipitation aussi, car les discussions sont toujours trop courtes et qu'on n'a jamais le temps de tout dire. Surtout, ils découvrent un puits de science, un fou furieux de *Fussball*. Inarrêtable, speed. Au jeu de l'interview, on appelle ça un bon client.

Quand la discussion s'achève ce soir-là, chacun sait que l'histoire ne peut pas s'arrêter là. À la radio, on se doute qu'on vient de mettre la main sur le spécialiste du foot allemand qui manquait à l'émission. Déjà, Daniel en avait eu l'intuition, remarquant le bonhomme via son blog hébergé par Eurosport, *Langue de But*. C'est lui qui avait proposé à Polo de passer en direct. Aussi, dans sa cabine, une fois le combiné raccroché, Polo devine qu'il tient peut-être là un moyen de s'en sortir. Que si l'occasion se présente, il faudra saisir sa chance.

Pour l'heure, il y a toujours ce froid salaud sur la ville. Les derniers passants rentrent chez eux d'un pas pressé, dans la hâte de retrouver la chaleur du foyer. Polo, on ne le regarde plus. On l'évite. Il est à la rue depuis des mois. Il pousse les portes en verre de la cabine et s'enfonce dans la nuit. Quelque part, il installe son duvet à l'abri des regards. Mais comment lui, diplômé, qualifié, a-t-il bien pu tomber aussi bas... ?

***

Après une carrière consommée dans l'agroalimentaire, à Bielefeld en Allemagne, Polo rentre en France à la toute fin des années 90. Il intègre un grand groupe automobile. Contrôleur de gestion, il est renvoyé en Allemagne où ses missions consistent à restructurer violemment les agences du réseau allemand qui perdent beaucoup d'argent. Tous les six mois, une fois les comptes équilibrés, il change d'agence, passant de Nuremberg à Hambourg, de Munich à Wuppertal. Il retrouve Bielefeld aussi, ville sans grand intérêt pour le voyageur en transit mais chère au cœur de Polo Breitner. C'est là-bas que le petit stagiaire français a commencé à travailler en 1995. Là-bas aussi qu'il a assisté à ses premiers matches, ceux de l'Arminia, avec le fils de son patron. Il joue alors en club. Les chasubles ne sont pas trouées et, défenseur, il travaille les corners adverses durant des heures. Polo découvre l'exigence allemande, l'intransigeance des lendemains de défaite, l'excellence. Lors de cette première installation à Bielefeld, il profite de ses week-ends pour faire la tournée des stades en bagnole. C'est l'époque du grand Dortmund, vainqueur de la Coupe d'Europe en 1997, du Kaiserslautern d'Otto Rehhagel, promu devenu champion, et d'un Werder de Brême intraitable en matches de coupes. Quelques années plus tard, d'une restructuration à l'autre, il profite toujours de son temps libre pour aller au stade. Chacune de ses haltes est aussi l'occasion d'acheter des bouquins. Car le football, de Munich à Hambourg, est raconté comme une épopée. Même les clubs de troisième division ont leur somme encyclopédique de 400 pages sur l'histoire du « *Verein* ». Polo ne rentre plus beaucoup en France et reconnaît même, vingt ans après, qu'il a envisagé de demander la nationalité allemande. L'Allemagne devient son paradis perdu.

Seulement, en football comme dans la vie, les choses se cassent parfois la gueule. Les mauvaises nouvelles affluent, la tête n'y est plus. On avance, puis on stagne, puis on recule. On refuse l'évidence et pourtant... Cela s'appelle une dépression. Il y a celle du football allemand, d'abord, qui est en train de crever après le titre à l'Euro 96. Il y a le 3-0 de la honte contre la Croatie au Mondial en France, la débâcle à l'Euro 2000. Les grands joueurs sont partis jouer en Italie où la Serie A vit ses heures de gloire. Völler et Hassler sont à la Roma, Matthäus, Klinsmann et Brehme à l'Inter, Reuter et Kohler à la Juventus… La *Nationalmannschaft* s'offre une finale de Coupe du monde contre le Brésil en 2002, certes, mais elle est en déclin. Oliver Kahn et Michael Ballack sauvent la baraque. Un an plus tôt, Media Kirch, détenteur des droits de la Bundesliga, annonce sa faillite. Tous les clubs sont minés par les problèmes financiers et les hooligans font un peu trop parler d'eux. Seules éclaircies, le Leverkusen de Berbatov et les prémices de la révolution tactique menée par Ralf Rangnick, entraîneur de Ulm, du Vfb Stuttgart puis de Hanovre. En bref, la situation à l'époque est résumée assez simplement par Uli Hoeness : « Notre football, c'est de la merde. »

Au boulot, usé par sa boîte, Polo réalise qu'il n'est plus vraiment dans l'humain. Sollicité pour devenir responsable de la mise en place de nouvelles usines automobiles en Chine, il décline l'offre. On est en 2004 et il commence à en avoir sa claque des multinationales, des grands cabinets et de leurs expertises, des cols blancs… Polo retrouve la France où il bénéficie d'un congé pour création d'entreprise. Il ouvre un fonds de commerce dans le Sud, gagne bien sa vie mais ne s'accomplit pas. Quatre ans plus tard, il explose et tombe en dépression. Polo ferme la boutique et ne voit plus personne. Il se calfeutre chez lui. La boîte aux lettres dégueule de courrier, les autorités financières commencent à s'intéresser à lui. Polo s'empare des deux cents balles qui restent dans la caisse, achète un billet de TGV et monte à Paris. Quand il pose le pied sur le quai, gare de Lyon, il est un voyageur parmi d'autres, prêt à s'engouffrer dans le ventre des transports en commun. Mais une fois franchie la salle des pas perdus, seul dans la rue, sans toit pour la nuit, Polo sait sa nouvelle condition. Il est SDF, sans domicile fixe.

Montre-moi la longueur de ta barbe, je te dirai depuis combien de temps tu es dans la rue. Celle de Polo s'allonge. L'ange blond, surnom de ses années lycée, devient le vagabond gris. Il se laisse aller, il veut en finir. Cela fait une semaine qu'il n'a rien bouffé lorsqu'il se réveille un matin, au pied de l'église où il dormait, et découvre vingt euros dans sa chaussure. Ce geste désintéressé, rien, juste un pauvre billet de vingt balles, va le sortir du trou dans lequel il s'enterrait. Symboliquement. Le monde de la rue est une petite société bien réglée, et Polo décide d'y participer. Il se recense, se laisse accompagner par une structure et devient « SDF officiel ». Il dort dans la rue, il est nihiliste, il a tout raté comme il dit. Certes, mais il n'est plus un fantôme.

Il touche le RSA et se fait un honneur de ne jamais dépenser plus que ce qu'il gagne. Il recrée une petite vie, réglée à la minute près. Il se fait trois quatre copains, sait exactement où dormir, où manger, où se laver. Il fréquente les bains-douches et les restaurants solidaires à l'heure qu'il faut pour ne pas être emmerdé par les soûlards. Quand le soir tombe, sac au dos, capuche sur la tête, il rejoint sa planque.

Dans le XVᵉ arrondissement, près d'une école, dans un endroit où il peut contrôler les allées et venues, renifler le moindre danger. Depuis le temps, il est retourné voir. On y a mis des grilles. Il porte un couteau sur lui et se lève comme dans la chanson de Dutronc, à l'heure des éboueurs et des premiers métros. Alors il file au McDo boire son café, manger un œuf et se réchauffer. Oui, Paris s'éveille et lui reste à l'écart de la fourmilière. Il entame cependant une formation pour devenir gardien de HLM. On s'étonne de ses diplômes, il est presque trop qualifié pour le boulot.

Polo se fait une carte de bibliothèque et se remet à la lecture. Il avale un livre tous les trois jours. Les enquêtes du commissaire Maigret, des biographies, des livres d'économie. Et puis, sur l'ordinateur en libre accès de la médiathèque, il découvre le blog de Daniel Riolo et se met à poster de longs messages sur le football allemand de son enfance. Il est question de Beckenbauer, Uli Hoeness, Paul Breitner bien sûr, de Schalke et Kaiserslautern. Polo récite ses gammes et, pour ne pas perdre le fil avec cette passion qui renaît, investit dans un petit transistor. L'After Foot trouve une place dans son quotidien minuté. Il s'endort en écoutant les récits de Fred Hermel et Philippe Auclair. Jusqu'à ce que Daniel, intrigué par la pertinence de ses messages, sa connaissance, décide de lui donner sa chance à l'antenne. Jusqu'à cette cabine téléphonique, un soir de neige.

« JE VOMIS VOTRE SOCIÉTÉ, JE SUIS AUTRE »

Polo sait qu'il ne supportera pas un deuxième hiver dans la rue. Les choses ne bougent pas assez vite pour lui depuis son dernier appel. Alors il décide de s'inviter à la radio.

Un colosse barbu se présente à l'entrée, au siège de l'époque à « Issy-les-Moul' ». Il fait irruption dans la rédaction et explique sa situation, plus ou moins. Cette fois-ci, Polo passe à l'antenne en plateau. Ce soir-là, dans son souvenir, il parle du Hertha Berlin. Encore une fois, il n'y a rien à redire. C'est documenté, précis, narré. Polo quitte la radio sans rien demander mais le mal est fait. Daniel a le numéro de son assistante sociale. Les liens sont entretenus et RMC, à la recherche d'un spécialiste du football allemand, embauche ce grand gars bourru. Il jongle alors entre le standard téléphonique et le studio. Entre Karim qui veut parler de l'OM et le Gladbach de Günter Netzer. À l'antenne, même si ça ne plaît pas à tout le monde, il adopte définitivement le pseudonyme qu'il utilisait sur *Langue de but*. Désormais, il s'appellera Polo, Polo Breitner.

Le pseudo mérite quelques explications, et dix ans après, dans son appartement stéphanois, en jogging pantoufles, Polo est disposé à les donner. Comme à la radio quand il est lancé, l'homme raconte d'un seul trait : « Bon, deux choses. D'abord Paul Breitner, avant d'être un Allemand, c'est un Bavarois. Ils sont devenus Allemands parce que les guerres ont fait que. Mais c'est des gens qui, dans leur mentalité, sont beaucoup plus proches de l'Autriche que de l'Allemagne. Ils ont eu cette insolente réussite économique où ils sont parvenus à concilier le conservatisme et la performance économique. Ensuite, Paul Breitner, c'est un gars des années 60 et 70, quelqu'un qui est engagé politiquement, dérangeant. Daniel a du mal à comprendre quand j'explique ça, mais Paul Breitner est un libéral communiste. Quand il s'affiche avec une photo de Mao et Che Guevara, ou quand il dit officiellement qu'il est socialiste, au sens des années 70 évidemment, ça choque une Allemagne extrêmement conservatrice. »

« La deuxième chose, c'est que c'est un joueur extraordinaire. Il peut jouer partout en défense. Il a commencé au poste d'arrière gauche. Quand il est arrivé au Real, on l'a tout de suite fait monter. Il avait un tel volume de jeu qu'il est devenu milieu défensif et Günter Netzer est passé milieu offensif. Quand il revient en Allemagne, il devient meneur de jeu du Bayern. C'est ce qu'on appelle les "Breitnigge", c'est-à-dire Breitner et Rummenigge. Donc en gros Breitner fait la passe à Rummenigge qui marque. C'est ça, le Bayern de 80 à 84… Et lui, lorsque vous revoyez sa demi-finale de 82 contre la France, alors qu'il a une formation de joueur défensif, il joue milieu offensif. Il fait une première mi-temps extraordinaire en meneur de jeu et personne le souligne ! Ce mec-là, c'est le Ballon d'Or des joueurs polyvalents, quoi ! On sait même pas qui c'est, ce mec… Gerd Müller, c'est quoi ? Un attaquant de pointe, point barre. Bon, c'est relatif, évidemment. Mais Paul Breitner, il savait tout faire. Il était une grande gueule. Il était un libéral au sens "je vomis votre société, je suis autre". C'était un monstre physique. Quand vous lisez la biographie de Harald Schumacher, il dit : "Ah ça, il faisait la fête, Paul Breitner. Mais le lendemain, il était le premier à l'entraînement..." Il écrase tout le monde. Il est différent. Le mec, il va au Real Madrid quoi, symbole de Franco, avec la petite couronne sur le maillot, et il fait sa photo de maoïste… C'est ça, Paul Breitner. »

Au début des années 2010, Polo devient l'un des personnages incontournables de l'After. Il s'installe derrière le micro pour venger le football allemand et digérer son histoire personnelle. C'est une lente résurrection. Polo conclut un pacte avec lui-même. Il se promet de quitter la radio quand son *Fussball* aura atteint les sommets.

En Allemagne, après sa crise, le milieu du football reprend tout depuis le début, c'est-à-dire par la formation de joueurs très techniques. Le jeu d'abord, la gagne ensuite. Les stades bâtis pour la Coupe du monde 2006 structurent le pays.

Le sponsoring local tourne à plein régime, on défend et on promeut le sport-roi. Le football allemand s'industrialise et ça fonctionne. Le code de la nationalité évolue aussi avec les ordonnances Schröder. Cela profite à la *Mannschaft* qui remporte l'Euro Espoirs en 2009 avec la génération Neuer, Boateng, Özil, Khedira, Wagner… En 2010, elle est sortie en demi-finale du Mondial sud-africain. En 2013, la finale de la Ligue des Champions est 100 % allemande avec Bayern-Dortmund. L'année suivante, l'Allemagne humilie le Brésil chez lui, avant d'être sacrée championne du monde contre l'Argentine. Polo se l'était promis. Comme si le football allemand n'avait plus besoin de lui sur la bande FM, il finit par quitter RMC pour d'autres aventures. Esprit libre, l'homme dit merde quand ça lui chante et ne se surnomme pas Breitner pour rien. Un pseudo comme celui-là, c'est pas que de la blague, un effet de style. Être Polo Breitner, c'est un mode de vie.

***

Le dissident a retrouvé la rédaction à la rentrée 2018. Façon de parler, puisqu'à l'image des Drôles de dames, il travaille à domicile. À Sainté, une pièce de l'appartement est transformée en tour de contrôle. Entouré de ses livres sur Jürgen Klopp, Beckenbauer, l'almanach de *Kicker*, les thèses d'économie du football dans la langue de Goethe, Polo surveille les trois écrans installés sur son bureau. Premiers matches de deuxième division le vendredi à 18h30, la Bundesliga de 20h30. Le lendemain, samedi, il commence à 13 heures avec le multiplex de D2, la D3 à l'heure du café, et l'élite à partir de 15h30 jusqu'au fameux « *Topspiel* » de 18h30, le choc du haut de tableau. Un de ses écrans est toujours consacré à l'équipe du moment, celle dont le jeu séduit. Quand nous l'avons visité en janvier 2021, Polo s'émerveillait devant l'Eintracht Francfort coachée par Adi Hütter. Et le dimanche, suite et fin du feuilleton.

En semaine, Polo feuillette la presse allemande, où même les grands titres nationaux proposent une large couverture du football, son économie, ses enjeux. Il parle d'une bonne trentaine d'articles lus au quotidien. On le croit sur parole.

En vérité, Polo, on aurait voulu qu'il soit le prof d'histoire de nos années lycée. Qui sait, son sens du récit aurait sans doute fait naître des vocations. En allemand, on aurait même fait l'effort d'apprendre les déclinaisons. Alors les étudiants d'Audencia ont bien de la chance. À Paris, ils peuvent profiter des cours d'économie du football qu'il dispense. Polo y explique comment envisager le produit football dans sa globalité, et développe sa grande idée du CIC. Pour que le monde bouge, chaque club doit respecter sa Carte d'Identité Culturelle. C'est-à-dire prendre en considération son budget, l'histoire de son jeu, l'identité de sa région et, de cette manière, mettre la main sur l'entraîneur dont il a besoin. De fait, Polo n'a jamais renoncé à sa passion pour la finance, l'économie.

Certains lui reprochent parfois son arrogance, son côté sûr de lui ou donneur de leçon. Mais sous sa carapace, ses airs fuyants, Polo est un homme à vif, à l'histoire mouvementée. Il se répare encore. Et il avance toujours, parce qu'il ne supporte ni le surplace ni l'ennui. Il n'est pas à un paradoxe près. Progressif par l'action, Polo est socialiste dans les idées.

Une fois qu'il a refermé la porte derrière nous, après avoir balayé trente-six sujets, parlé de littérature et de cinéma, de football européen, du tissu industriel allemand, des lycées militaires, de la banlieue rouge, des clodos, du jeu d'échecs, il nous revient à la mémoire cette phrase de Pier Paolo Pasolini : « Je suis un homme de culture, parce qu'en moi les mélanges se sont faits. »

Elle lui va si bien.

MAX ET LES FERRAILLEURS

Il y a deux sortes de gens. Ceux qui fument la cigarette électronique pour arrêter de fumer. Et ceux qui vapotent à l'intérieur et fument à l'extérieur ; en bref, ceux qui fument tout le temps. Max du standard est de cette catégorie-là. Toujours un truc à la main. Casque-micro vissé sur la tête, moustache châtaine, lunettes rondes dans la pénombre, iPhone et paquets de clopes posés sur le bureau, Max réceptionne les appels au 32 16 dès la fin d'après-midi et jusqu'à minuit.

« RMC bonsoir.

Ah, salut Nono, ça va ? Ouais, tu veux dire quoi, Nono ? »

Max tire sur sa cigarette électronique. Il enchaîne :

« C'est pour l'After ? Je t'appelle sur le fixe ou sur le portable ?

Ouais, t'en fais pas Nono, c'est automatique. Allez, à toute, Nono, ouais à tout à l'heure. »

Il est 20 heures et des poussières, et on appelle déjà pour prendre la parole pendant l'After. Sis à l'entrée du studio, entre le poste de contrôle des producteurs et le plateau, Max a aussi des allures de concierge. Il surveille les entrées et les sorties. Quand on rentre, il est le premier à qui on dit « bonsoir ». Quand on sort, il est le dernier qu'on salue. Le manège de la radio s'opère dans l'atmosphère feutrée du studio : l'obscurité, les lumières cathodiques, la voix lointaine du direct, et la noria des chroniqueurs et invités des émissions qui se succèdent.

Voilà dix ans, un peu plus, que Max commence ses phrases par « RMC bonsoir ». Il a débuté en 2010. Entre deux coups de fil, il raconte : « C'était Knysna. Une explosion... » Pendant la Coupe du monde, le plateau est délocalisé à la boutique Adidas des Champs-Élysées. Max prend les appels depuis le siège de la radio, à Issy-les-Moulineaux. Et comme en football, le passé est mieux même s'il est triste, Max souffle, un brin nostalgique : « De toute façon, 2010-2012, c'étaient les meilleurs After. Pour la première fois, tout ce qu'ils annonçaient sur le foot français s'est réalisé. » Sa culture foot, Max la doit beaucoup à l'émission dont il fut un fidèle auditeur avant de rejoindre la maison. « Parce que moi, mon premier sport, c'est le basket, et la famille c'était rugby. Mon grand-père était de Ris-Orangis – c'est marrant je me suis rendu compte que je partageais ça avec Daniel – et lui il était rugby, rugby à fond. Le foot, on peut pas dire que c'était son truc, au contraire, il tapait dessus. Donc j'ai jamais eu de culture foot familiale. Après, je suis Nantais, donc j'ai été obligé de m'y mettre. Mais je suis pas un dingue comme les mecs qui appellent. Mon père ne m'a jamais emmené à la Beaujoire... »

Avant d'être une voix, Max est une oreille. Son boulot consiste à écouter les autres et nécessite de l'empathie, une certaine patience. Son carnet d'adresses est rempli d'habitués mais il a un protocole bien précis pour les nouveaux invités. Max vérifie d'abord si l'auditeur colle au sujet du soir. Il le relance pour être sûr qu'il a du répondant. Là-dessus, il est intransigeant et insiste gravement : « Parce qu'en face, mon gars, c'est l'arène. C'est les gladiateurs, là-bas (il montre le plateau). Donc si t'as pas un gilet pare-balles, t'es déjà mort. Il faut être calé, ils laissent rien passer. Mais on a des passionnés. Bon après, faut un mec bonnard, qui soit pas dans l'insulte. Au début, j'avais vraiment peur. Va y avoir une merde, je me disais. Mais les mecs sont fans de l'émission, donc t'as déjà gagné. Quand Gilbert est en vacances, t'as des mecs qui appellent pour s'inquiéter : "Qu'est-ce qu'il a, Gilbert ? Il est malade ?" »

La plupart des appels entrants sont des réactions à l'enfant terrible de l'émission. Daniel est le plus clivant et Max est le premier à prendre les coups quand Riolo dégoupille. Sur le plateau, ils ne se rendent pas forcément compte qu'en plein débat, une sentence bien cassante, deux mots à peine, peuvent faire exploser le standard. « Daniel dit : "Bordeaux, c'est le néant." Et là, ça va appeler à fond… Après, la phrase qui revient tout le temps, c'est : "Je suis jamais d'accord avec Daniel mais là, il a raison." Ça, j'adore ! »

Max parle des journalistes de l'émission avec affection, comme des tontons qui prennent un peu de place mais qu'on est toujours content d'avoir près de soi en vacances. « C'est une famille. En vrai, j'ai de la chance, mec... » Il se souvient d'avoir croisé Daniel dans l'ascenseur lors de son tout premier jour, quand il a signé son contrat. « Et là je me dis : c'est lui ? En fait, il est tout petit... » La *Remontada* l'a marqué pour l'avoir notamment regardée en studio avec Daniel. « Je me rappelle d'un gros plan sur Emery, au tout début du match. En voyant sa gueule, Daniel dit : "Ça commence mal..." Et après, je l'ai vu se décomposer au fur et à mesure du match. Mais l'After n'a pas besoin de match. Pendant le confinement, on a eu les meilleurs After depuis des années. »

« RMC bonsoir. »

Fini de vapoter, Max réceptionne un nouvel appel.

« Tu veux parler de quoi, Jean-Jacques ? »

Un court silence.

« Mais les Grandes Gueules, c'est demain, Jean-Jacques, faut appeler demain... Quoi ? Ouais, dis-moi, je t'écoute. Mais oui, je suis là ! Dis-moi, je suis au taquet. »

Nouveau silence.

« Donc ta solution, c'est plus de masques pour tout le monde et on sera sauvé ? C'est ça, Jean-Jacques ? Non mais t'as raison, c'est une logique sans faille : plus de masques, plus de virus. Bon écoute, je transmets aux Grandes Gueules pour demain. Allez, bonne soirée. Ouais, salut Jean-Jacques. »

Max fait pivoter sa chaise et soupire : « BFM n'a pas de standard, donc le mec pense qu'il peut appeler. Dans tous les cas, t'es obligé d'avoir de l'empathie. T'as le mec qui passe à l'antenne et qui n'a pas fini son truc. Il a été coupé par Gilbert, je vois qu'il a pas raccroché. Soit il va vouloir un t-shirt, soit il voudra continuer à parler… T'as aussi les mecs qui appellent et disent "j'appelle pas pour passer à l'antenne". Là, faut de la patience. Et puis, à partir de 23 heures, forcément, c'est une autre espèce. T'as des mecs bourrés, des mecs qui veulent parler à Bourdin à minuit moins dix… Je te dis pas que je suis la meilleure oreille, mais je fais ce que je peux. C'est pas le métier le plus passionnant, ça peut être redondant. Mais si je reste, c'est pour l'After. Je suis à la récré…»

Les soirs de match, Max s'empare de la télécommande. Un petit téléviseur pend dans le couloir, face à lui. En première mi-temps, le téléphone est plus discret. Alors Max suit la rencontre, les pieds sur la table entre deux pauses clopes. Sur le plateau, Gilbert anime la soirée, alternant les commentaires du match et les analyses furtives des consultants. En studio, Paul Vexiau et Jérôme Thomas surveillent leurs écrans et lancent la pub et les génériques. Max est peinard, à la fraîche, toujours dans la pénombre. Si l'on jette un œil à son annuaire, on revisite en quelque sorte l'histoire de l'After. «Momo (Bouhafsi), il m'appelait. Il était tout jeune, Momo, il avait 18 piges. Jonatan (MacHardy) pareil, il appelait. Tous ces gars, je les ai d'abord eus au téléphone.» Max se souvient aussi des quelques mois durant lesquels il a partagé le standard avec Polo Breitner. «Je faisais les Grandes Gueules au standard avec Polo. Le mec qui appelait, il se prenait une leçon de politique par Polo pendant trois minutes. Polo, il notait rien ! Je lui disais : “Mais Polo, t’es pas là pour ça !” Il s’en foutait… Aucune empathie, le Polo ! » Max sourit : « Nan mais si tu veux te marrer, tu mets Polo au standard. Il est magnifique, Polo ! »

L’annuaire de Max, c’est la grande histoire de l’After. Ces noms, surnoms, pseudos, ces numéros de téléphone, au fond, ils racontent ce que représente cette émission. À la question : « C’est quoi l’After ? », Max répond simplement : « L’After, c’est la France, mec. Regarde juste les prénoms des gars qui appellent : t’as Mehdi, Karim, Thomas, Jean-Claude, Pierrick, Najet… Y a de tout. Tout le monde écoute l’After… »

Une fois l’émission sur sa fin, les derniers auditeurs passés, Max souffle enfin. Il abandonne son casque-micro sur le bureau. Minuit : le 32 16 ne répond plus. Vapoteuse dans une main, cigarette dans l’autre, il quitte son bunker, papote avec l’équipe et va s’en griller une dans la rue. Dans ces quartiers de bureaux, au sud-ouest de Paris, il n’y a plus un chat. Seulement des taxis qui maraudent, les derniers livreurs à scooter. Max rentre chez lui.

RMC bonne nuit.

MEHDI,
LE REDONDO DE LA CHAUFF'

«Je vais te dire, conduire des joueurs de foot, ça me fait rien du tout. Si c'est pas Maradona ou Zidane, je m'en fous.» Mehdi est chauffeur depuis une dizaine d'années. À Paris, parfois sur la Côte d'Azur, il conduit les grands de ce monde. « En gros, ceux qui ont de l'argent.» Alors des footballeurs, il en a vu passer un paquet sur sa banquette arrière : Lilian Thuram, Patrick Vieira. Olivier Dacourt et Vincent Candela pour la soirée de Samuel Eto'o au Petit Palais. «J'ai même fait les mecs du PSG pour la présentation du tout premier maillot noir chez Colette. Il y avait Matuidi, qui se la jouait un peu, Lucas, un amour. Et puis Cavani bien sûr, la classe...» Avec sa carrure de milieu défensif argentin, Mehdi est un peu le Fernando Redondo de la chauff'. Le sourire en coin, il reconnaît qu'avec un physique comme ça et des potes un peu partout, il côtoie les discothèques des Champs depuis ses 17 ans. Alors des footeux, il en a vu. Il en voit. Qu'importe.

Son père habite à Marseille et Mehdi est fada de deux équipes : l'OM et l'Algérie. À 36 ans, il a déjà assisté à des affiches qui n'existent même plus sur Fifa. Il se souvient de France 98, des voyages avec le père, entre mecs, pour aller au stade. « On faisait des trips ensemble. On a vu Cameroun-Autriche à Toulouse avec les supporters camerounais. J'avais 14 ans, c'était extraordinaire. Même le Stadium m'a paru beau. Tiens, d'ailleurs, tu regarderas le but du Camerounais ce jour-là, il était ouf. On a aussi vu France-Afrique du Sud au Vélodrome et un vieux Paraguay-Bulgarie au stade de la Mosson. Le Paraguay de Chilavert ! Chilavert le Strasbourgeois, ça va faire plaisir à Gilbert. » Biberonné au foot – « Ma seule passion. Entre un film et un match, je choisis toujours un bon match » –, licencié depuis ses 12 ans, il a commencé à écouter l'After en même temps qu'il a débuté dans ce métier.

« J'ai habité en Thaïlande pendant trois ans et mon voisin, un Niçois, m'a parlé de ce métier. Conduire, ça me déplaisait pas. En rentrant en France, j'ai fait la démarche de papiers VTC, ça prenait deux secondes, avant qu'Uber arrive. J'écoutais jamais, mais alors jamais la radio avant de faire chauffeur. C'est un métier où t'as beaucoup d'attente. Et en écoutant un soir comme ça, j'ai accroché direct. » S'il n'écoute pas l'émission en direct quand sa Mercedes Classe S patiente les soirs d'hiver devant un palace parisien ou un grand restaurant, Mehdi a un rituel bien rôdé. C'est chaque matin, en quittant la dalle d'Argenteuil pour se rendre dans le Triangle d'Or, au milieu des bouchons, qu'il se branche au podcast. « C'est comme un mec qui va faire son footing chaque jour. Moi, tous les matins, je sais que sur mon temps de trajet, je vais les écouter. C'est mon petit déj' du matin.» Mehdi caresse son collier de barbe et prend des airs affolés. «Ça fait partie de ma vie. Sérieux, c'est complètement ouf...»

On rigole et on imagine. Le type qui poirote dans son SUV à côté, entre La Défense et porte Maillot, qu'est-ce qu'il écoute? Le 7/9 de France Inter? La Matinale d'Europe 1? Il a sans doute son rituel lui aussi, son média d'habitude, le canal qu'il met sans réfléchir, les petites voix qui l'accompagnent chaque matin. Mais se sent-il appartenir à une communauté? Réécoute-t-il les chroniques qu'il a manquées à l'heure du déjeuner? Non, Mehdi et les autres en ont la conviction. Aucune autre émission n'entretient un tel rapport d'addiction avec ses auditeurs, un tel sentiment d'appartenance. Il le reconnaît volontiers, c'est même plutôt flippant.

Quand il bosse, Mehdi porte toujours un costard. «Ça dépend des clients mais je suis toujours propre. Tu me verrais conduire, je suis un ouf. Paris, c'est devenu n'importe quoi. Faut s'imposer, sinon t'es mort. Je me faufile derrière les ambulances, les flics même. Mais bon, c'est classique ça. Non, le mieux que j'ai fait, c'est sur l'A1 pour aller au Salon du Bourget. Parce que l'A1 à partir de la porte de la Chapelle, c'est un enfer... Alors je me suis inséré dans un convoi officiel. Juste avant la dernière voiture, hop, je me suis glissé. J'ai eu le droit à deux appels de phare et puis c'était réglé. Le client, il n'en revenait pas. Mais j'ai le temps de réfléchir en voiture et j'ai compris : le bordel à Paris, c'est les motos. Tout le monde s'y met et les mecs savent pas conduire. Ils hésitent, ils bloquent. » Avant le confinement, Mehdi s'est occupé de Kanye West et des Kardashian, fraîchement débarqués à Paris pour la Fashion Week. Et là, pas question d'écouter l'After pour l'analyse de Marseille-Amiens. « En fait ces mecs, ils dorment pas, ils enchaînent. On a bossé 56 heures d'affilée. Avec un autre chauffeur, on a dû passer chez Zara s'acheter des chemises, du déo. On finissait par sentir... » Kanye West, Mick Jagger, Coldplay, les Guns N'Roses, Bill Gates, la famille Nordstrom... Avec ces signatures-là vautrées sur la banquette arrière, pas de Julien Cazarre pour déconner en stéréo. Mehdi délaisse les podcasts de l'After pour une musique d'ambiance ou le ronronnement du Classe S. Du coup, l'After éparpille ses émotions sur toute la journée. Pour râler après Dimitri Payet, il attendra que la voiture soit vide, en double file avenue Montaigne. Quand les clients ressortiront de chez Chanel, Mehdi coupera Rothen en plein ras-le-bol et finira plus tard, à l'heure du café.

Pour les travailleurs du monde entier, le lundi est un jour de merde. Mais pour les auditeurs de l'After, le premier jour de la semaine est bien mieux que le week-end. Car, comme le dit Mehdi, « le kif, à la base des bases, c'est les Drôles de dames... Et le truc que j'adore, c'est quand ils mêlent le foot à l'histoire, à la culture. Après, selon moi, le ticket gagnant de l'After, c'est Daniel et Di Méco. Bon je suis Marseillais, je suis pas objectif. Mais Di Méco, j'aime son humour à la beauf parfois, son expertise. » Quand une actu foot explose dans la journée, Medhi salive déjà. « Tu attends de savoir ce que pense l'After. Je me souviens pour l'affaire Serge Aurier, j'ai attendu toute la journée l'émission du soir. Pareil, une émission que j'attendais énormément, c'était pour Benzema, quand ils ont annoncé son agent Karim Djaziri à l'After. J'aime le joueur même si je supporte pas l'image de voyou qu'il veut se donner. Cette émission, je l'attendais avec mes potes. On s'envoyait des messages, fallait que je l'écoute. »

L'After est sa Ligue des Champions du podcast de football. Pour le reste, Mehdi remplit aussi ses après-midi avec le *100 % foot anglais* de Bruno Constant, les chroniques hebdomadaires de *Liberos*, sur le football de son enfance, ou *C'est vous l'Expert* sur le foot algérien.

***

Sous la skyline de La Défense, entre le cimetière communal de La Garenne-Colombes, la mosquée de Courbevoie et le Five, se trouve le Jazz Club. Ses potes, Mehdi les rejoint dans cette chicha tenue par son ami Mourad. Ils sont parfois une centaine les soirs de gros match à tirer la pipe sous la tente en toile cirée du Jazz Club. Là-bas, un paquet d'habitués écoutent l'émission et parlent de foot toute l'année. Ils ont à peine 40 ans et connaissent parfaitement leurs gammes, depuis les années 90. Quizz, mort subite sur les joueurs français d'Arsenal, débats interminables sur le thème «qui est le meilleur entre Ronaldo et Messi»... La culture foot, c'est un entraînement quotidien que Mehdi pratique à la chicha. «Je te jure, je connais des fous furieux.» Pas étonnant qu'en passant pour la première fois à l'antenne, pendant le confinement, Mehdi ait «magistralement» gagné le quizz. «Dans mes potes proches, on est trois ou quatre à écouter tout le temps. On va en parler parce que je sais qu'ils ont écouté.» À chaque fois, c'est la guerre pour mettre les matches sur les écrans suspendus au Jazz. Faut dire qu'aujourd'hui, les mecs supportent tout et n'importe quoi. La Juve, le Barça, Manchester... «Les plus jeunes supportent même plus un club, mais un joueur...» Mais les grosses soirées se passent pendant la CAN. Mehdi montre sur son téléphone des vidéos, le soir de la victoire de l'Algérie en 2019. L'atmosphère est étouffante sous les néons violets, entre les volutes de fumée des chichas, les chants, les cris, les selfies, les pas de danse du copain sénégalais. Ça transpire sous les maillots floqués Mahrez. Et Mehdi hoche la tête, nostalgique: «La CAN, c'est un truc de fou...»

Enfin, s'il ne devait retenir qu'un seul After mythique, Mehdi, même en fidèle Marseillais, est bien obligé de citer la *Remontada*. Il ne sait pas si la défaite du PSG l'a rendu heureux, mais il se souvient de ses copains transformés, chamboulés. De Yacine entre autres, qu'ils n'ont plus revu au Jazz Club pendant trois mois. «Yacine m'a dit: "J'ai fait une dépression." Tu te rends compte? Le gars a disparu et il a carrément fait une dépression…» Et Mehdi doit se rendre à l'évidence. En football, l'émotion n'est pas une question de victoire ou de défaite.

En attendant des jours meilleurs pour le club de son cœur, la vente, un président à la hauteur, le grand retour de Thauvin et le départ de Payet, il se console d'un avenir incertain en revisitant les certitudes passées. Même si elles sont tristes. «De toute façon, on va pas se mentir: les meilleurs After, c'est les soirs de défaite.» Lui les écoute en podcast, sans en perdre une miette, au volant de sa berline noire. Et les nuits de grandes défaites, il les baptise d'un très beau nom. Il appelle ça «les After chat noir».

« DANIEL ET MOI, ON N'A RIEN À FAIRE AU XXIE SIÈCLE »

«Je suis mort en 1979.» Lancée l'air de rien, comme ça, dans la quiétude d'un appartement stéphanois, la sentence de Polo Breitner résonne comme un coup de feu lors d'un concert. Il hoche la tête, derrière son bureau. Devant lui, un jeu d'échecs. Chaque pièce est à sa place. À sa gauche, un mur de bouquins, de la littérature et des idées comme s'il en pleuvait. De quoi tenir un siège ou plusieurs décennies de confinement. «Je suis mort en 1979, répète-t-il encore, avec la prise de pouvoir officielle du libéralisme.»

C'est bien connu des auditeurs de l'After, Polo Breitner n'est pas vraiment un homme de droite. On peut même dire qu'il penche plutôt à gauche, voire à l'extrême gauche, voire… Passons. Car ses convictions ne s'examinent pas avec nos yeux d'aujourd'hui. Polo est égaré dans une époque qui ne lui va pas. Il le dit lui-même: «Mon modèle, c'est la Commune de Paris, et mes réflexions sont toujours liées au XIXe siècle. La société actuelle ne m'intéresse pas. Aujourd'hui, je me fais chier, en fait... » Il ponctue ses longs argumentaires par de courts silences.

« Daniel et moi, on n'a rien à faire au XXIe siècle. C'est peut-être prétentieux de dire ça. Mais lui, il est le digne représentant de ce qu'on appelait le peuple de droite des années 60, et moi je suis le digne représentant du peuple de gauche des années 60. Donc on s'oppose. Daniel et moi, c'est Peppone contre Don Camillo. »

Dans les romans populaires de l'écrivain italien Giovannino Guareschi, le maire communiste Peppone s'oppose systématiquement au curé Don Camillo. Le prêtre est plus connu au cinéma sous les traits de l'acteur Fernandel. L'image est caricaturale mais dans un monde où l'on manque cruellement de personnages, l'After a su créer des caricatures, à la fois attachantes et insupportables. Polo connaît son rôle ; il joue le voisin allemand froid et arrogant face aux latins-crétins. Et Gilbert s'amuse des contradictions de son spécialiste qui vante la puissance économique allemande tout en soutenant un discours anticapitaliste et une certaine forme d'« *Ostalgie* ».

Bien que passé par le lycée militaire d'Autun, en Bourgogne, Polo n'a pas vraiment le goût des uniformes ni celui de la tradition. Dans les débats, on l'a déjà entendu s'écharper avec Daniel qui tire à boulets rouges sur les communistes. Les deux hommes sont des adversaires politiques mais ils s'estiment. Polo raconte : « Avec Daniel, on a une relation très spéciale. C'est déjà arrivé qu'on arrête de se parler pendant six mois. De toute façon, je lui ai toujours dit : "Toi t'es un Versaillais, moi je suis un Communard et un jour on se retrouvera sur la barricade, tu le sais très bien..." Le nombre d'insultes qu'on a pu s'envoyer par mail ou par SMS, c'est fou. »

On imagine bien… D'autant que les deux hommes ne sont pas vraiment connus des auditeurs pour leur souplesse.

***

Polo le clame haut et fort, le football est politique. Et son *Fussball* l'est de surcroît. Il a toujours le projet d'écrire un livre sur ceux qu'il nomme « les quatre as » : Günter Netzer, Paul Breitner, Uli Hoeness et Franz Beckenbauer. Selon lui, chacun représente une Allemagne sociale, politique, économique. « Celui qui a perdu politiquement, c'est Paul Breitner. Celui qui a de grandes difficultés, c'est le conservateur Beckenbauer. Ceux qui font la une, c'est le social-démocrate Nezter et l'homme d'affaires, le libéral Uli Hoeness. Ces quatre joueurs représentaient le football allemand des quarante dernières années et les oppositions politiques en Allemagne. Le symbole de la nation c'est Beckenbauer, marié, il a 20 ans et il est de droite. Netzer, c'est le beau gosse, à la mode. Aujourd'hui, il serait à la rigueur rédacteur en chef des *Inrocks*. Les cheveux mi-longs, il a une nana dans chaque chaussure. Hoeness, c'est le libéral qui fait des affaires, et Paul Breitner, c'est ce qui restait de la politique avant l'écroulement du Mur...»

Polo a lu. Il a beaucoup lu. Et il ne s'imagine pas prendre la parole un lundi soir de Drôles de dames sans replacer les choses dans leur contexte. Tout s'explique, tout s'inscrit dans une histoire et lui s'est longtemps penché sur «l'évolution de l'âme allemande». Il détaille longuement: «N'oublions jamais que les footballeurs allemands qui gagnent dans les années 70, ce sont des gens qui ont passé leur vie à se faire traiter de fils de nazis. Ils sont relativement pauvres. Et ils se sont affranchis de leur histoire en gagnant tout, en redonnant une certaine forme de fierté au pays. Ils sont devenus très orgueilleux. Ceux qui ont gagné la Coupe du monde en 54 n'étaient pas comme ça, ils n'étaient pas aussi orgueilleux que ceux des années 70. Et j'ai une théorie là-dessus. C'est que les Allemands, ayant tout raflé, ont compris avant les autres ce qu'était le libéralisme et la valorisation de leur talent. Günter Netzer ou Beckenbauer sont des gens qui se vendent déjà. Alors que l'équipe d'Allemagne est très à droite avec la lutte contre le bloc communiste, eux paradoxalement se foutent du nationalisme et deviennent de vrais libéraux: je sais ce que je vaux.»

«L'équipe de France suit l'histoire de la *Mannschaft* avec vingt ans de retard. On demande à nos petits champions d'être bien sages alors qu'ils ont le droit d'être des salopards et de ne penser qu'au fric. Et je pense que les Allemands l'ont compris bien avant. Cette génération des années 80, qui était déjà là à la fin des années 70, a compris que les joueurs étaient l'avenir, pas les clubs. Et ça préfigure les débats actuels. L'économie du football, donc du spectacle, n'est que la conséquence du fait que l'actif des clubs se trouve dans les joueurs. Et les joueurs l'ont compris ! Les Allemands l'avaient déjà compris à l'époque. Björn Borg faisait la même chose, hein : il se faisait payer des primes et il passe pour un gentil… Mais en France, on a un métro de retard. Déjà parce qu'on ne gagnait pas, alors que les Allemands ont toujours gagné. Ils raflent tout et eux n'ont pas besoin d'être beaux, eux sont là pour gagner. C'est leur ADN. Et c'est là où je m'oppose à la vision actuelle de la France qui est de dire : oui, mais nous on a gagné en 2018. C'est pas ça, ton ADN ! L'ADN du sport français, c'est d'être beau, pas de gagner. C'est là que je vois les dégâts du libéralisme sur ce que les gens pensent… C'est que les gens veulent gagner. Mais moi j'en ai rien à foutre de gagner… »

Pour le coup, une telle réflexion semble sortir tout droit de la bouche de Daniel. Peppone et Don Camillo ne sont donc pas irréconciliables. Polo continue : « France-Allemagne 82, ça leur a mis une claque aux Allemands… Ils se sont rendu compte que gagner n'apporte pas la notoriété, n'apporte pas l'amour des autres. L'Allemagne est passée au tout défensif alors que dans les années 70, elle n'avait que des joueurs à vocation offensive. L'Allemagne s'en rend compte en 82 contre la France. Même là-bas, les gens se sont dit :

mais gagner, en fait, ça apporte quoi ? Les records, ça apporte quoi ? C'est pas ça qui est important. »

On ne change pas l'âme d'un club ni celle d'une nation. C'est la fameuse carte d'identité culturelle. « Quand je vois cette globalisation à outrance, je cherche l'identité des clubs ou des équipes nationales derrière le libéralisme », dit encore Polo.

***

Polo observe le monde se transformer partout, y compris dans la grande passion de sa vie, le jeu d'échecs. Il a commencé petit garçon dans un club de sa cité dortoir, à Grigny, ville dont il garde un souvenir heureux, un « sentiment de bonheur car il y avait du boulot ». Il a continué au lycée militaire et il est même devenu champion de Saône-et-Loire, participant à son premier tournoi international à l'âge de 17 ans.

Aujourd'hui, il ne se passe pas un jour sans qu'il n'ouvre un livre d'échecs. Et les tournois l'envoient en Autriche, en Suisse, aux Pays-Bas, en Italie. En compétition, Polo est capable de rester six heures sans bouger sur une partie. « C'est une activité noble, on ne parle pas d'argent aux échecs. C'est le jeu des rois et le roi des jeux. Mais on est en train de vouloir en faire une culture de masse à l'image du poker. Ce qui est impensable, car il faut une dizaine d'années pour obtenir un niveau correct. Et arrivent aux échecs les mêmes perturbateurs du Net, les mecs qui insultent tout le monde, alors que c'est une activité où on ne fait pas de bruit. C'est une activité où l'Histoire vous parle.»

Avec l'informatique, Polo regrette qu'on ne cherche plus la beauté mais la destruction de l'adversaire. Sans doute la question dépasse-t-elle les échecs et le football. Elle est philosophique.

Mais entouré de ses livres, protégé par les quatre anges gardiens du football allemand, les yeux sans cesse attirés par le jeu d'échecs, Polo regarde le monde changer.

« C'EST PAS LA FRANCE QU'A TRICHÉ, C'EST L'ARBITRE QU'A PAS VU ! »

Un sélectionneur ne devrait pas dire ça. Après une prestation minable, une qualification piteuse, Raymond Domenech répond aux journalistes sitôt le match fini : « Je suis heureux. Ça a été dur, ça a été laborieux par moments, ça a été miraculeux par instants, mais heureux parce que quand je vois tous les gens comme ça... Tous ceux qui aiment le football, et le football français, et bah ils sont heureux ce soir. Pouvoir participer à ça, c'est génial. Ouais, je suis heureux. » Plus loin, Raymond Domenech parle de profiter, de savourer. Thierry Henry se jette sur lui à la fin du match, les Bleus célèbrent l'inespéré, passés de la trouille au ventre à la victoire en chantant. Au stade de France, ils viennent de se qualifier pour la Coupe du monde en Afrique du Sud en arrachant le nul contre l'Irlande. Un match de barrage volé par la main du capitaine, à la 103e minute, en prolongation.

Ce 18 novembre 2009, aux propos de Raymond Domenech retransmis en direct dans l'After, Daniel Riolo, dépité, répond : « Ce type est de plus en plus honteux... C'est une honte pour le football français. C'est une honte...» Il ânonne encore dans sa barbe: «Ce type est une honte, ce type est une honte...» Daniel appelle au triomphe modeste, «par pitié», à un peu de retenue, d'élégance. Quelques secondes plus tard, il s'écharpe avec Gilbert. C'est rare et violent: «Tu sais quoi, je vais même pas te répondre parce que je vais te laisser te ridiculiser.

– Bah réponds pas, parce que c'est toi qui es ridicule...», rétorque Gilbert, furieux. Ambiance...

Le match du déshonneur, qui qualifie la France pour un Mondial de la honte, restera dans l'histoire comme «la main de Thierry Henry». Et une rencontre aussi pesante donne forcément lieu à un After des grands soirs, un After au bout de la nuit, jusqu'à 2 heures du matin et délocalisé dans un pub des grands boulevards. Daniel n'a pas un bon souvenir de ces heures sombres et il en remet une couche aujourd'hui: «On était dans un bordel de bar irlandais et je suis pas fan de ce genre d'endroit, à la base. J'aime pas trop ces ambiances-là. En plus, tu regardes pas bien le match... Moi, les matches, je dois les regarder tout seul, alors imagine le bordel, untel avec sa meuf, untel qui t'apporte de la bouffe... Sale soirée de merde, vraiment.»

«Le climat autour de l'équipe de France rendait tous les matches des Bleus dramatiques, poursuit-il. On n'aimait plus cette équipe. Personne ne l'aimait. Il y avait un sentiment bizarre. Tu ne voulais pas qu'ils perdent mais gagner avec ces gens-là et avec cet homme-là, tu ne le voulais pas non plus. Il y avait un vrai désamour qui s'est matérialisé à la Coupe du monde. T'avais morflé en Irlande à l'aller, tu méritais rien, tu méritais pas d'être bon. Et tu te qualifies comme ça ? Avec cette main ? »

La soirée est électrique, entre le public qui gronde autour du plateau et le plateau qui gronde devant le public. « Daniel, il déteste ça, reconnaît Gilbert, c'est son côté claustro, misanthrope. Faut dire qu'à 23 heures dans ce genre d'endroit, la moitié de la salle a déjà quatre ou cinq binouzes dans le cornet. » Et l'émission se fait en foule. Il y a là Gilbert et Daniel donc, Éric Di Méco, Jean-Michel Larqué depuis le stade de France, Marc Ambrosiano, Philippe Auclair en correspondance, Luis Fernandez plus tard et Julien Cazarre pour une de ses premières. Le trublion a revêtu le maillot de l'Irlande et il cire le comptoir du bar. « Le maillot, c'est son côté provoc'… Je le vois encore à genoux dans le bar en train de hurler », s'amuse Gilbert. Pendant ce temps-là, François-Xavier de Chateaufort respire des gaz lacrymo sur les Champs-Élysées. Sur la plus belle avenue du monde, les violences succèdent à la qualification, le même soir, de l'Algérie pour le Mondial. Le reporter de RMC est pris dans la mêlée et témoigne en direct : « Ça charge ! Ça charge à coups de flashball, ohlala… Ça y est, les CRS avec des extincteurs et des lances à eau qui interviennent pour évacuer des supporters qui sont montés sur un camion. Ah ouais là ça commence vraiment à chauffer… Ça court autour de moi, je vais peut-être pas trop rester longtemps, attendez... » Gilbert reprend l'antenne et invite le journaliste à se mettre à l'abri. Surréaliste pour une soirée de foot.

Dans le pub, les auditeurs ravis, un peu bourrés, se succèdent en nombre au micro. À cette époque, l'émission leur donne la parole plus fréquemment qu'aujourd'hui. Cette tendance, l'ancien patron des sports François Pesenti l'analyse après coup : « On ne sait jamais ce qu'un fan va sortir. Dès qu'il prend la parole, il amène une intensité, un regard hyper intéressant en radio. Par contre la dérive, c'est quand notre trio finissait par débattre entre eux et oubliait de prendre les auditeurs. Je les convoquais pour leur rappeler ça. Dites-leur bonjour, écoutez-les, dites-leur au revoir. L'émission a su évoluer avec moins d'auditeurs et plus de show autour de la table. Mais elle ne devra pas trop abandonner la libre tribune des fans. Ils auront du mal à renouveler leurs auditeurs, sinon. »

Ce soir-là, un auditeur essoufflé par l'excitation et le houblon se lance dans une argumentation un peu confuse, mais il récolte tout de même les applaudissements avec une jolie formule. La voix presque pétée, à bout de souffle, il balance : « C'est pas la France qu'a triché, c'est l'arbitre qu'a pas vu ! »

Philippe Auclair essaie de trouver sa place, au loin, dans ce tintamarre à l'italienne. Quand vient enfin son temps de parole, de sa voix claire et posée, il dit gravement :

« Le football français a vécu une des nuits les plus honteuses de son histoire. Son capitaine s'est déshonoré. » Nouvelle bronca. Puis Auclair reprend le micro quelques instants plus tard pour une *master class*. C'est limpide et c'est dit au milieu d'un silence assourdissant : « Tu te sens plus fier d'avoir un maillot vert sur les épaules qu'un maillot bleu, ce soir. Parce que tu avais une équipe d'Irlande qui était une vraie équipe, et une équipe de France qui n'était pas une équipe. Tu avais un vrai entraîneur face à un entraîneur qui est une imposture. Des joueurs qui se battaient pour leur pays et leur maillot face à des joueurs qui se battaient pour eux-mêmes. Bref, on a vu une catastrophe pour l'équipe de France. Elle s'est qualifiée en trichant, qu'est-ce que tu veux que je te dise ? » Et de terminer son argumentation par une phrase devenue iconique : « La main de Thierry Henry, c'est pas la main du diable également ? »

« Les Bleus représentaient tout l'inverse, témoigne encore Daniel. Des sales mecs, un sale type... J'avais un vrai désamour pour les Bleus et je pensais honnêtement que s'ils se faisaient éliminer tôt à la Coupe du monde, il y aurait une forme de justice. Je ne les supportais plus. »

Florent Gautreau n'était pas de sortie cette nuit-là, mais il en parlera quelques jours plus tard à l'After, avec le recul toujours, alors que l'affaire défraie la chronique. Il raconte douze ans après : « Sur la main de Thierry Henry, j'avais une position, pour le coup la même que Daniel, qui était totalement iconoclaste et que j'avais même défendue à France 2 en conférence de rédaction. C'était de dire : j'aurais rêvé que Henry aille dire à l'arbitre "j'ai fait main". J'aurais trouvé ça incroyable. Je ne l'attaque pas sur le fait qu'il ne l'ait pas dit, mais j'aurais adoré qu'il le fasse. Parce que pour moi, s'il le dit et qu'on ne va pas à la Coupe du monde, ça n'aurait pas été un drame. » Daniel abonde : « J'ai vu De Rossi faire ça, Di Canio, et récemment encore, un mec par terre a dit "non il n'y a pas faute". Si Thierry Henry avait dit "non il n'y a pas but", il serait devenu un héros et on ne se serait pas ridiculisés à la Coupe du monde… »

Baptiste Lecaplain, qui avoue lui-même qu'on le reconnaît d'abord comme invité de l'After plutôt que comme comédien et humoriste, se souvient bien de ce novembre noir. Il raconte : « J'étais au stade, je comprends rien à ce qui se passe... Mais après, dans l'After, je savais déjà ce qu'ils allaient dire. Untel va dire ci, untel va dire ça…. C'est comme un débat politique, t'as envie de savoir ce qu'ils vont penser. (…) Quand il y a Knysna ensuite, je suis aux USA avec ma copine et je lui dis "faut que j'écoute le podcast". Je l'ai écouté dans les cinq ou dix minutes où il a été mis en ligne. C'était surréaliste. Knysna, je le voulais aussi par le prisme de l'After. BFM, TF1, j'en avais rien à branler... »

« C'était la première étape avant la catastrophe de 2010, résume Daniel. Tout est écrit dès ce soir-là. » De la main de Thierry Henry à la *Remontada*, les grands moments restent aussi par la manière dont on les raconte. L'After Foot du 18 novembre 2009 cristallise l'état d'esprit de l'émission imaginée quelques années plus tôt : sa théâtralité, avec des chroniqueurs campés dans leur position, caricaturaux, qui deviennent des personnages. Des auditeurs qui oscillent entre les fins connaisseurs et les supporters exubérants. Enfin, l'émotion d'un match hors norme qui porte le football sur un autre terrain, celui de la morale. Et rappelle la grande phrase que l'on prête à Albert Camus : « Ce que je sais de la morale, c'est au football que je le dois. »

HOLA CHICOS !

C'est une maison cossue dans une ruelle silencieuse, à quelques encablures du stade Santiago Bernabeù, dans un ancien quartier ouvrier de la périphérie de Madrid. On la découvre un soir de janvier humide, à la lueur des lampadaires. On entre par le patio qui a souffert des impressionnantes chutes de neige qui ont paralysé Madrid quelques jours plus tôt. Le banc en bois s'affaisse, les arbres aux branches cassées ploient, la terre est retournée. En hiver, même Madrid tire la tronche et vu comme ça, on a du mal à imaginer le petit jardin aux beaux jours. Ici pourtant, Carlo Ancelotti passa sa dernière soirée à Madrid autour d'un barbecue après son limogeage à la fin du mois de mai 2015. Le patio a vu passer le Maestro et bien d'autres. Alors bienvenue à Madrid, capitale européenne du football. Et bienvenue chez Fred Hermel.

Ce lundi soir, on vient assister religieusement au Grand After. Le premier jour de la semaine est le jour des seigneurs, puisqu'une partie de l'émission est dévolue aux Drôles de dames, représentantes des quatre grands footballs du Vieux Continent. Expatrié depuis 1992 à Madrid, correspondant pour *L'Équipe* et RMC, Fred est la plus âgée de ces dames, la plus fidèle aussi. Et ce noctambule repenti a la métaphore facile : « Le lundi, c'est le samedi soir des amoureux du foot. » Alors passé dix heures du soir, Fred se soumet au même rituel. Il s'installe sur son canapé, le plus souvent en short du RC Lens, il allume le Scoopy, un studio de poche qui le met en contact direct avec la régie. Jérôme Thomas et Paul Vexiau sont à l'autre bout du fil et préviennent : « Tu passes dans cinq minutes. » Il visse son casque sur son crâne dégarni et, affalé, le bras allongé sur le dossier du canapé, les pieds tendus sur la table basse, il s'invite dans la danse. Une petite heure durant, entre les correspondants en ligne et les journalistes en plateau, ils seront huit voix en même temps à l'antenne. Difficile de s'en rendre compte et pourtant : cela constitue un exploit radiophonique. La douce mélodie commence, Gilbert présente ses dames l'une après l'autre. Jusqu'au fameux « *Hoooola Chicos !* » C'est prononcé langoureusement, ça vient du cœur, et ça donne une idée lointaine des chaudes nuits madrilènes. Ici Madrid, à vous Paris !

***

Deux heures plus tôt, emmitouflé dans son épaisse veste en cuir, Fred rentrait de la fac à l'autre bout de la ville. Il donne des cours de journalisme aux étudiants du master de l'université du Real Madrid, soit quatre heures de Fred

Hermel non stop, sans pub, avec l'image et le son… L'histoire ne dit pas si ces étudiants écoutent l'After Foot après. Peu importe.

À Madrid, Fred n'arrête pas. Ou peu. Son hyperactivité et sa force vitale se devinent physiquement. L'homme a la voix chaude et puissante, un ventre généreux, des yeux claqués mais pétillants, des bras qui balancent dans tous les sens et une petite paire de jambes vives. Dans son salon, avant de prendre l'antenne, il se confie autour d'un *jamón*, d'un chorizo et d'une poignée d'olives vertes. Dans les verres coule un vin de Jumilla offert par des socios, un rouge qui se boit frais, jeune et fruité, et dont l'étiquette aux couleurs du Real porte le nom de… Frédéric Hermel. Cette *peña* populaire, originaire de Murcie, a choisi le journaliste comme parrain. Après un an de tractation, la *peña* a été officiellement reconnue par le club. Et pour fêter l'événement, pour rendre hommage au parrain, on a tiré quelques bouteilles à son nom. Dans les couloirs de Bernabeù, Fred se sent chez lui depuis le temps. Et il peut mettre une vingtaine de minutes à regagner la tribune de presse une fois franchis les premiers portiques. On le connaît, on le reconnaît. « Ça va ? La femme, les enfants, tout ça... » À ceux qui s'indignent des familiarités et soupçonnent les collusions, Fred répond qu'il est seulement dans l'humain. Quand il rentre quelque part, il dit « bonjour » et quand il sort, il dit « au revoir ». Après presque trente ans de contact avec la maison blanche, forcément, on connaît deux trois personnes.

Mais comment un môme originaire d'un petit patelin d'Artois, orphelin de père à 13 ans, à l'enfance compliquée, garçon solitaire et complexé, a-t-il atterri à Madrid jusqu'à devenir le grand connaisseur du football espagnol, un gardien du temple merengue, et le biographe de Zinédine Zidane… ? La réponse, s'il n'en a qu'une, se trouve d'abord dans la musique. Fred se redresse d'un coup, quitte son canapé bleu nuit et, après un silence de quelques secondes, ses enceintes se mettent à diffuser un air langoureux du grand Astor Piazzolla. Il fait quelques pas de danse en regagnant sa place et s'arrête par moments de parler pour fredonner un air. Depuis sa plus jeune adolescence, il est passionné par le tango et raconte : « Mon prof d'espagnol, Jean-Michel Sanchez, avait une cassettothèque pour les élèves. Il m'avait prêté une cassette de tango et j'ai eu une révélation pour cette musique à quinze ans. Je rêvais d'Argentine… J'ai commencé à apprendre vachement bien l'espagnol pour pouvoir comprendre les paroles. Je suis venu en Espagne, qui devait être la première étape avant de partir en Argentine. Avec la mort de mon père, c'était compliqué à la maison et je pouvais pas laisser ma sœur et ma mère tout de suite. Je suis parti plus tard. L'Espagne devait être la première étape et finalement je suis resté… »

Il baisse la musique. La mélodie d'Astor Piazzolla devient un doux murmure. Avant le tango, une passion l'accompagne depuis son plus jeune âge, qui deviendra son métier : la radio. « Mon parrain m'avait offert une petite radio verte à quatre ans, et je la retrouvais explosée au pied du lit chaque matin. Je m'endormais avec la radio, encore aujourd'hui je m'endors avec les podcasts. Je suis un auditeur de nuit. En fait, je voulais pas être journaliste, je voulais parler dans le micro d'une manière ou d'une autre. J'écoutais Max Meynier, *Les Routiers sont sympas*, j'écoutais les interviews d'Evelyne Pagès sur RTL. Nous, dans le Nord, on était RTL. C'était le dimanche en début d'après-midi, et j'allais me mettre dans la voiture de ma mère dans le garage pour écouter. Et puis y avait Fabrice… Fabrice, quoi ! Le jour où j'ai rencontré Fabrice, animateur RTL, j'étais tout ému. Je me souviens même que l'été avec ma sœur on se mettait dans le même lit et on écoutait un jeu animé par Fabrice où tu devais trouver des mots cachés dans les chansons. On jouait à ce jeu-là tous les étés... La radio, c'est ma compagne d'enfance, la compagne d'un orphelin de père à l'adolescence compliquée. La radio est mon sauveur. »

Lycéen à Arras puis étudiant à Lille en Infocom, Fred cherche son premier stage dans la presse. En rentrant furieux d'un rendez-vous foiré, sur un coup de tête, il pousse la porte de Fréquence Nord, rue Léon Trulin à Lille, antenne locale de Radio France. « On va te trouver quelque chose », répond la vieille secrétaire au jeune homme dépité. En quelques minutes, il est accepté pour un stage à la rédaction. « Les journalistes m'ignoraient un peu. Je traînais dans les couloirs et un jour je passe à côté du grand studio et j'entends de la musique. C'est du tango, Astor Piazzolla. Je vais voir le présentateur, un vieil animateur radio qui faisait une émission de vieilles chansons tous les après-midi. Je lui dis : “C’est bien Piazzolla que vous avez mis là ?”

Il me répond : “Bah oui, mon garçon, mais qui es-tu ?

– Je suis stagiaire à la rédaction mais on s’occupe pas trop de moi.

– Tu connais le tango ?

– C’est ma passion...

– J’ai deux heures de bandes de l’INA, tu veux bien les écouter et me dire ce qu’il y a ?” Il n’y avait que des grands classiques du tango, dont *Mi noche triste* de Carlos Gardel, premier grand tango chanté en 1917... Le lendemain, je lui fais écouter et je lui raconte l’histoire des morceaux. Et il me dit : “Tu ne voudrais pas me raconter ça au micro ?” Et voilà... Tous les jours, alors que je suis stagiaire, pendant dix minutes je passe à l’antenne et on appelle ça “Frédéric Hermel raconte l’histoire du tango”. Ensuite, l’animateur du soir me suggère de faire un truc tous les deux. Lui parle du jazz, et me propose une demi-heure de tango par mois. Pendant une saison, j’avais un rendez-vous mensuel sur Radio Fréquence Nord, et qui s’appelait *Quartier du Tango*. »

Il devient proche du patron des Trottoirs de Bueno Aires, un cabaret tango parisien. Le gérant lui ramène Amelita Baltar en studio, femme d’Astor Piazzolla et plus grande chanteuse de tango de l’histoire. Fred se lève encore du canapé et décroche une bobine clouée au mur. C’est l’enregistrement de son émission qu’il conserve comme une relique.

On est en 1990, Fred a 20 ans. Le tango et la radio, ses deux grandes passions, se rejoignent enfin avant son départ en Espagne. Il finit sa maîtrise et commence des piges à la rédaction de Fréquence Nord. Sa toute première interview le marquera pour toujours. Une photo en noir et blanc l'immortalise, qu'il a choisie pour illustrer son compte Twitter. Fred interviewe Léo Ferré. Il hausse les cils et pousse un soupir : « Voilà quoi... Je veux dire quand t'as fait Léo Ferré à 20 ans, après, le reste... c'est que des pâles copies. »

Deux jours avant de partir en Espagne, il trouve une correspondance au journal *France Soir*. Et puis il part à l'aventure, rédige des sujets sur la politique, le terrorisme... Jusqu'au 2 mars 1993, quand le Real tombe contre le PSG en quart de finale de Coupe d'Europe. « C'est le PSG qui a lancé ma carrière sportive. Je me souviens de David Ginola présenté comme *El Magnifico* en Espagne. Plus tard, le PSG tombera contre le Barça, le Real, La Corogne... Et quand Zidane signe en 2001, je suis le premier à annoncer sa venue dans *France Soir* trois mois avant. À l'époque, personne le voit, sauf un certain François Pesenti qui relance RMC avec Alain Weill. Il m'appelle, le contact passe et je deviens correspondant de la radio. Et puis quand arrivent les premiers After, bah forcément je suis là... »

La signature de Zidane à Madrid, le Real des Galactiques, la naissance et l'hégémonie du Barça de Guardiola, l'Espagne championne d'Europe et du monde, le triplé du Real en

Ligue des Champions… Le temps passe et l'After grandit en même temps que le football espagnol domine l'Europe. Fred en plaisante: « Les gens me disent: on t'entend trop, tu parles beaucoup, tu parles tout le temps de Zidane. Bah ouais mais qu'est-ce que tu veux, il arrive en finale tous les ans… »

Fred est rattrapé par le temps. Il jette des coups d'œil rapides à sa montre car l'heure du grand After approche. Il débarrasse les assiettes et hausse la voix depuis la cuisine. « L'After était fait pour moi. C'est le programme que j'aurais écouté à 12-13 ans. Il y a tout. »

« L'un des After où je me suis senti le plus utile, c'est l'histoire du *negrito* de Cavani. Ce soir-là, j'explique pourquoi Cavani n'est pas raciste. Pourquoi c'est de la folie de penser ça. Les auditeurs de l'After ont eu mes infos, et trois semaines après, sort le communiqué des footballeurs uruguayens qui dit exactement ce que j'ai dit à l'After. C'est ça pour moi, le travail d'un correspondant, remettre dans le contexte culturel. Tu peux pas comprendre le foot espagnol ou latino-américain si tu ne comprends pas les mots. Et là j'ai l'impression de faire mon métier. Moi, un After où on parle que de ballon, ça va vite me gaver. Si je suis là depuis quinze ans, c'est parce qu'on me laisse l'opportunité d'expliquer les choses. Comment peux-tu comprendre le FC Barcelone aujourd'hui si tu comprends pas le séparatisme catalan ? Si on n'avait que des footeux de base, l'After n'aurait pas de succès. »

***

Pendant qu'il disserte en direct, on se balade dans cet intérieur encombré par les livres, les dossiers, les feuilles volantes, les bibelots. Au mur pendent des œuvres d'art et des souvenirs. Trente ans de carrière se racontent en objets et en photographies. Ce soir-là, la discussion est économique et concerne l'endettement inquiétant du FC Barcelone. Fred et Polo Breitner s'en donnent à cœur joie.

À 23h30, Fred raccroche. Pour les auditeurs, c'est une publicité. Dans le Scoopy, il prend congé de la régie. Dernier coucou à Paul Vexiau et Jérôme Thomas. Il y a quelques années, l'oiseau de nuit serait sorti après l'émission. Il connaît les folles nuits madrilènes, les boîtes des footeux, les joueurs qu'il croise déchirés sous les sunlights des discothèques. Il ne donnera pas de nom, il ne parlera pas. « Je ne peux pas raconter », répète-t-il à trois reprises, en épelant chaque syllabe avec un air grave mais qui donne envie de rigoler. La nuit, ce qui se passe à Madrid reste à Madrid. *Buenas noches, chicos...*

LE COCKTAIL FRÉDÉRIC

Le lendemain midi, on retrouve Fred au musée Thyssen, en plein cœur de Madrid, sur le Paseo del Prado. Le baron Thyssen-Bornemisza, dont le portrait peint par Lucian Freud clôture la visite, possédait une des plus grandes collections de tableaux au monde. L'État espagnol l'a acquise en grande majorité et rassemblée dans l'édifice aux murs rosés. Des retables ombreux du Moyen Âge aux solitudes citadines d'Edward Hopper, la visite au Thyssen est une déambulation à travers les âges. Fred ne nous a pas proposé d'y venir par hasard. L'homme est un amateur d'art. Et les auditeurs de l'After ne peuvent pas deviner qu'une dizaine d'œuvres d'art constellent le mur devant lequel il prend l'antenne. On y trouve des gravures de Pierre Alechinsky ou un portrait du poète Garcia Lorca par José Caballero, *Lorca en sang*. Les lithographies et autres tirages limités cohabitent harmonieusement avec les unes de *L'Équipe* consacrées à Zidane ; la carrière de l'un chevauche celle de l'autre.

Au Thyssen, c'est la même chanson. Un mélange des genres. Fred est capable de parler du Real devant un portrait du

Titien ou d'évoquer son amitié avec Carlo Ancelotti après un long silence devant Joaquín Torres García, un de ses peintres préférés. Tout Fred Hermel est là, avec son aisance orale, son insatiable appétit pour la vie et son évidente facilité à passer d'un sujet à l'autre. Non pas à la manière de l'étudiant Sciences Po qui essaie d'impressionner dans les dîners en ville. Mais plutôt comme un autodidacte passionné qui n'a pas assez d'une vie pour toucher à tout.

Dans le Thyssen déserté par les touristes de passage, Fred suscite déjà la curiosité d'un gardien potelé dans son costume. Le petit homme rond lui tourne autour avant d'engager la conversation. Il a reconnu Fred dont le visage est familier des téléspectateurs footeux et des lecteurs de *AS*, où il tient une chronique deux fois par semaine. Son carnet d'adresses, Fred l'a rempli en se rendant tous les jours à l'entraînement du Real à Las Rozas puis à Valdebebas quand ils étaient encore ouverts au public. Le journaliste pouvait patienter trois heures dans les bourrasques de vent glacé descendues de la sierra pour un simple « *holà* » jeté par les joueurs à la fin de l'entraînement. Le temps perdu n'est jamais du temps gâché. Et quand Zidane, son adjoint Bettoni ou un autre se confient au correspondant, c'est aussi parce qu'ils se souviennent qu'il était encore là quand il n'y avait même plus un matou pour rôder autour des terrains. Fred connaît les bureaux aseptisés des communicants et les salles de presse sans âme éclairées aux néons. Le boulot passe par là et la correspondance est aussi un sport d'endurance, une discipline ingrate. Dans ce domaine, la réussite est la revanche de ce sportif vexé qui, la veille, nous avouait : « Mon rapport au foot est compliqué… je suis nul. Et donc les garçons ne voulaient pas jouer avec moi. Quand on faisait chou-fleur-chou-fleur-chou-fleur, j'étais toujours le dernier. "Ah non, on veut pas Hermel !" Ils voulaient pas de moi, j'étais nul, nul. Et puis j'aimais pas le contact physique… Donc c'est quand même une revanche extraordinaire, quoi. Devenir un grand spécialiste de foot, reconnu, alors que j'étais nul. Mais t'as pas besoin d'être un grand chef pour savoir si la soupe est trop salée. »

Et il n'y a pas besoin d'être Gombrich et d'avoir écrit *L'Histoire de l'art* pour apprécier une petite huile sur toile, *El tío Paquete*, l'étrange personnage édenté peint par Goya. La peinture et le football se rejoignent sans doute ici, quand la simplicité et la beauté peuvent être comprises par tous. Un profane peut tutoyer le sublime en rêvant devant Miro. De même, un novice saura se laisser envoûter par les passements de jambes de Zidane ou la possession hypnotique et dansante du Barça de Guardiola. L'émotion d'abord…

Certaines œuvres et certains matches nous transforment. Fred en témoigne, qui a compris la dramaturgie du football au cours de la Nuit de Séville. Il en parle comme un possédé : « Le Match, c'est France-RFA 82. Je comprends le football ce soir-là. J'ai 12 ans, mon père est à l'hôpital, il mourra un an après. Ma mère va se coucher avec ma sœur. Elle me dit "ne te couche pas trop tard". Je réponds non, de toute façon il n'y aura pas de prolongations... Et puis il y a l'égalisation des Allemands, Didier Six et Maxime Bossis qui ratent leur penalty. La France est éliminée. Et là je suis un zombie. Je suis hébété...» Il s'arrête, le regard dans le vague, se redresse et poursuit en mimant: «Je me vois encore: je suis K.O. debout. Je monte les escaliers, je vais me coucher. Ce soir-là, je n'en ai pas encore conscience, mais j'ai compris la dimension dramatique du foot. J'ai compris qu'un match de foot était une histoire.»

« L'intellectualisation du jeu me gave, reconnaît-il. Quand tu parles aux grands entraîneurs, ils en rigolent. Ancelotti m'a toujours dit que le système, c'est un truc que tu écris sur un tableau pour qu'en deuxième période, le joueur qui se sent fatigué se souvienne de là où il doit être. Ce n'est pas le style qui compte, c'est l'esprit dans lequel tu vas organiser ton jeu pour que les joueurs se sentent le mieux possible et puissent s'exprimer le mieux. 4-4-2, 4-3-3, tout ça, ça ne veut rien dire... Ce sont les petits entraîneurs et les petits journalistes qui parlent tout le temps de tactique. Tu peux en parler bien sûr, mais ramener sans cesse le foot à ça, c'est ridicule...»

***

Sans que nous nous en rendions compte, le ton de la discussion est monté alors que nous pénétrons dans une nouvelle salle. Il nous faut plusieurs secondes avant de constater qu'un groupe de visiteurs et sa guide se sont arrêtés pour nous regarder sévèrement. Comme dans un dessin de Sempé, une dizaine de petits vieux penchés, immobiles, nous fixent jusqu'à ce qu'un employé vienne nous demander de baisser le volume. Fred présente ses excuses et la conversation se poursuit en chuchotant. Plus tard, Jean-Louis Tourre l'appelle alors que nous visitons les maîtres italiens de la Renaissance. « Tu parlerais pas de la situation financière du Barça à *Top of the Foot* ? » Ensuite, ce sera le tour de Jérôme Thomas, au sous-sol, devant les impressionnistes. « On a Omar Da Fonseca ce soir face à l'After, faut que tu sois là ! » L'agenda se remplit au fil de la journée. Sur le téléphone, les messages venus de France s'amassent. C'est la vie quotidienne d'un correspondant qui se bâtit devant nos yeux.

« Le journalisme sportif, c'est comme le journalisme politique, t'as besoin de contacts. Quand t'es journaliste politique, t'as des idées ? Tu votes ? Si t'es de gauche, ça t'empêche pas d'être honnête et d'avoir des relations avec des mecs de droite. Alors bien sûr que j'ai un certain penchant pour le Real, mais mon club c'est pas le Real, c'est le Racing Club de Lens. Le Real ne me fait pas souffrir... Le Racing me fait souffrir. Je me souviens quand ils sont tombés en deuxième division, j'en étais malade. »

Une fois la visite terminée, deux heures de déambulation dans tous les étages, nous troquons l'atmosphère paisible et feutrée du Thyssen pour le Paseo del Prado ensoleillé et fréquenté. Les coups de klaxons et les sirènes hurlantes des ambulances contrastent avec le silence net et les volets clos du musée. Après le déjeuner, Fred file. Il doit rédiger un papier pour *France Football* et préparer ses interventions du soir.

***

Quand on le retrouve à la nuit tombée dans Chueca, ses ruelles pavées, ses places envahies par les terrasses des cafés, ses odeurs de fritures, d'*empanadas*, ses drapeaux arc-en-ciel suspendus aux balcons et les radios qui piaillent par les fenêtres ouvertes des logements, on devine qu'un épisode mythique va conclure notre visite à Madrid. À l'heure de l'apéritif, rendez-vous a été donné devant le Del Diego. L'établissement se remarque à peine dans une rue calme où l'on ne ressent pas la proche rumeur du trafic de la Gran Vía. Une cannette de bière roule dans le caniveau. Plus loin, les promeneurs finissent leur shopping dans les grandes enseignes de Callao, les gens rentrent du boulot, les taximen maraudent enfoncés dans leurs sièges. Dans l'autoradio, les informations sportives tournent en boucle.

Fred pousse la porte vitrée du Del Diego. On y goûte, paraît-il, les meilleurs cocktails de Madrid. L'information n'a pas été vérifiée mais on se fie à notre guide. Le comptoir élégant et discret est un lieu de pouvoir. Le Parlement se situe juste derrière et l'établissement est fréquenté par des gens illustres. Le roi d'Espagne en personne, des hommes politiques, l'acteur Viggo Mortensen, Sharon Stone, et Fred Hermel donc. En entrant, il serre dans ses bras chaque serveur. Ceux-là portent un costume, le nœud papillon, la serviette blanche autour du bras et ils se tiennent droit. Ce sont des messieurs élégants aux cheveux bruns, bien brossés, comme dans un film de Carlos Saura. Fred s'installe à sa place, sur un tabouret au milieu du comptoir, en face du cocktail bar. Le patron actuel, Fernando Del Diego, est le fils de l'emblématique… Fernando Del Diego. À sa mort quelques années plus tôt, Fred a reçu un coup de téléphone des enfants. « Notre père t'aimait beaucoup. Tu étais plus qu'un client pour lui, alors on voulait que tu sois au courant. »

Si l'expatrié s'accoude au long comptoir verni depuis 1996, c'est quelques années plus tard seulement qu'il y obtient ses lettres de noblesse. À la fin des années 90, un soir de dépit amoureux, Fred se rend au Del Diego. Il a la mine grave, le regard triste.

« Fredo, qu'est-ce que tu veux ? » lui demande Fernando père.

Fred lui répond : « Prépare-moi quelque chose de fort et d'amer comme la vie même. »

Le barman réfléchit. Il se retourne, regarde les bouteilles, la centaine de bouteilles qui se tiennent au garde-à-vous derrière le bar. Il en attrape une, puis une autre. Son client patiente. Fred a tout son temps et rumine. Et sur son établi, Fernando crée sa nouvelle œuvre d'art. Le petit verre à pied est enfin prêt. La substance sombre, écorcée d'orange, déborde presque sur le plateau en argent du serveur. Il le dépose délicatement sur le dessous de verre bleu et blanc siglé Del Diego. Fred goûte et demande à Fernando : « C'est bon. Qu'est-ce que c'est ?

– Un Frédéric. »

Aussitôt, le patron attrape un morceau de papier et note la recette. Le cocktail devient une suggestion dans la carte, et on raconte que Sharon Stone, parmi les douze cocktails qu'elle but un soir d'ivresse, se perdit aussi dans le Frédéric. Le modèle vivant jure que ce n'est pas des blagues et se défend presque : « Les gens pensent que j'invente... Mais tu peux pas inventer un truc pareil ! »

Arrimé au comptoir, Fred plaisante avec les serveurs. Son rire rocailleux résonne dans le bar clairsemé, puis il continue son récit. « Madrid, c'est sept bars dans la soirée. Le Del Diego est le point de départ, un des rares endroits où je viens seul. À ma grande époque, tu commençais ici. Je venais tôt, après j'allais au Cock... Ah ouais, le Cock. Faut que je t'emmène au Cock.... Quand on faisait la tournée des grands ducs, fallait pas bosser le lendemain. Il y a un moment où je passais du côté obscur de la force. » Le Hot, le Why Not, la Sala El Sol, haut lieu de la *Movida*... Fred égraine le nom des discothèques qu'il a écumées plus jeune. Mais il doit bien reconnaître que Madrid a changé parce que lui-même a changé. Moins rock'n'roll, plus sage.

Les virées nocturnes où il croise les joueurs imbibés, les confidences de Zizou, celles de Philippe Montanier, le mariage d'Ancelotti, la triplette championne du monde Lemar, Griezmann et Lucas Hernandez embringués dans l'After au cours d'un dîner… Des histoires pas possibles, Fred en détient une bonne quantité. Et on ne se lasse pas de l'écouter. Mais sa plus grande fierté, c'est d'être écouté par un chef cuisinier à Singapour, un berger en Haute-Provence, des ouvriers, des paysans, des hommes d'affaires, des ingénieurs à l'autre bout de la Terre et des étudiants toujours puceaux. « Je t'écoute dans le tracteur le matin en allant faire mes courses chez Auchan », rapporte-t-il les yeux brillants. « J'étais fait pour cette émission », répétera-t-il à plusieurs reprises et dans d'autres mots. Devinant son aisance dans l'exercice du talk show, François Pesenti avait même songé à le rapatrier à Paris pour lui proposer l'animation d'une émission. Mais Fred tient trop à sa liberté madrilène. Aujourd'hui, il dit que la retraite sera en France. Loin des yeux, si près du cœur. Fred fait même mentir le fameux dicton. Et un jour, qui sait, quand il se fera trop vieux pour sauter dans un vol à l'aéroport de Barajas ou courir de Valdebebas au Santiago Bernabéu, l'homme se confinera dans un studio de la radio. Le Fred Hermel Super Show, c'est une idée non ?

Du reste, après cette virée *hermelesque* dans Madrid, ville blanche comme le Real et les façades laiteuses des immeubles art déco de la Gran Vía, de retour à la réalité, on se pose la question. Comment décrire vraiment Fred Hermel ?

Comment raconter l'homme derrière le personnage ? La réponse, sans doute, c'est Fernando qui l'a rédigée il y a vingt-cinq ans sur un bout de papier au Del Diego. La voici. Et c'est une exclusivité :

– 1/2 Vermouth blanco dulce
– 1 Colpe Angostura
– 1 Colpe de Cynatz
– 1/3 de vodka
– 1/3 Vermouth Carpano

POURTANT, QUE LA MONTAGNE EST BELLE...

Pendant qu'il garde ses chèvres et ses brebis sur les collines de Provence, Romain s'occupe en lisant. Des polars, de la fantasy, des biographies. Supporter de l'OM, passionné de football et auditeur de l'After, il n'a pas mis longtemps à tomber sur le *Zidane* de Fred Hermel. « J'adore ce livre, alors j'ai posté une petite vidéo sur les réseaux sociaux. Fred me remercie et on s'est mis à discuter. On s'est même rendu compte qu'il buvait du pastis distillé à Forcalquier, dans la distillerie où bosse ma femme… Et là on s'est dit, c'est quand même fou, cette communauté de l'After. »

Sur les réseaux sociaux, Romain publie les photographies et les humeurs d'un éleveur de brebis. Comme certains de ses collègues, le « berger des étoiles », son pseudonyme, rend compte des beautés et des difficultés de son métier, de sa réalité. Le jeune homme de 35 ans a repris la ferme familiale avec son frère, à une dizaine de kilomètres de Forcalquier. Dans des paysages qui rappellent les romans de Jean Giono, sur les collines venteuses, dans les vallons glacials en hiver et torrides en été, il veille sur son troupeau quand il n'est pas occupé à la fromagerie. Il s'est mis aux podcasts quand son téléphone a enfin été capable de supporter l'outil. Et ses programmes favoris l'accompagnent quand il mène ses bêtes au pacage. Avec son discret accent des montagnes du Sud, sans exubérance, il raconte simplement: « C'est un métier où on travaille tous les jours. Je me repose juste une fois par semaine, le dimanche. Et ça m'arrive d'écouter l'After en direct les soirs d'été dans le tracteur quand on fait les foins. Ça m'accompagne, c'est une distraction. » Il a commencé à écouter l'After de manière régulière il y a dix ans. « C'est presque une série quotidienne qui nous accompagne. Ce qui m'a plu, c'est la liberté de ton, le côté assumé des journalistes supporters de tel club. Il y a tellement de médias où ils ne dévoilent pas leur côté supporters, c'est un peu ennuyeux. Là, il y a une liberté de ton qui est intéressante. C'est comme un repas de famille. Tu vas être d'accord avec un mec et le lendemain, tu vas être totalement opposé à ce qu'il raconte. (...) Jérôme Rothen, qui est un joueur que je n'aimais pas, le Parisien bien anti-OM en plus, finalement il me fait marrer... Moi je crois que quand on écoute l'After, faut avoir beaucoup de second degré. Ils aiment provoquer... Ils me font rire quand ils parlent de tennis, quand ils se chamaillent. T'as des mecs qui appellent, des gens qui tombent dedans et c'est rigolo. Faut du second degré, vraiment. »

Romain a cessé de regarder le football depuis qu'il se joue à huis clos. Il n'y arrive plus. « En général, je regarde la C1, les matches anglais. Mais là je suis plus du tout dedans comme en temps normal. Alors l'After me permet de garder cette passion et de rester à jour...»

Comme pour beaucoup d'auditeurs, l'émission lui a permis de supporter l'étrange période du confinement. « Bon maintenant on sait un peu plus ce que c'est ce virus, mais quand tout s'est arrêté, c'était la première fois qu'on vivait un truc comme ça. Qu'ils continuent l'émission, ça laissait un point de repère. Ils étaient là alors que tout s'était arrêté.»

Une fois par semaine, Romain assure la permanence du magasin de producteurs qui s'est créé à Forcalquier, Unis-Verts-Paysans. Il y vend ses fromages en plus du marché de Saint-Michel-l'Observatoire et des bonnes tables de la région. Rien ne prédestinait ce fils d'éleveurs originaires du Vercors à se passionner pour le football. Là-haut, à Villard-de-Lans, on est plutôt hockey sur glace. Désormais, Marseille est à une heure et demie du village en connaissant bien la route. Quand il a un moment, avec les copains, Romain descend au Vélodrome. Mais le temps, dans une vie de labeur, c'est toujours ça qui manque. Alors pour le reste, il suit son sport de loin, la gueule dans les foins et un œil sur le troupeau. Loin de la lumière artificielle des stades et des villes, à la belle étoile.

DÉBAT DE DEUXIÈME DIVISION

« Dans l'histoire Neymar, j'ai pas pu m'empêcher de penser un truc un peu con, vous me permettez cinq minutes... » commence Daniel à l'antenne, ce jeudi soir de juin 2019, entouré de Nicolas Vilas et Jérôme Rothen. À ce moment-là, il est encore temps de s'arrêter. De passer à autre chose, et vite. Mais les dérapages commencent toujours l'air de rien et c'est l'air de rien que Daniel continue :

« Mais la nana, tu l'as vue la nana ?

– Ouais je l'ai vue, répond Rothen du tac au tac.

– Je m'attendais à ce que ce soit un avion de chasse intersidéral... J'étais vachement déçu.

– C'est de la deuxième division.

– Franchement le mec, il peut avoir tout ce qu'il veut et il a pris une Ligue 2... »

Vilas essaie de reprendre le dessus :

« Nan mais vous êtes tarés les mecs, ça n'a rien à voir dans le débat.

– Est-ce qu'on peut faire un débat parallèle ?

– Nan mais c'est pas un débat parallèle, c'est une histoire... » Vilas ne termine pas sa phrase et Rothen reprend :

« Nan mais quand tu t'appelles Neymar…
– T'as un minimum de qualité.
– Bah quand même…
– Je sais pas, peut-être que lui il kiffe, dit Vilas.
– Normalement c'est Champions League, et au moins ça passe les huitièmes.
– Mais la faire venir, prendre l'avion, machin, voir ça débarquer et en plus à l'arrivée tu te retrouves dans la merde… ?
– Ça joue les barrages, c'est un Lorient quoi », surenchérit Rothen. Vilas clôt la discussion :
« Bon les gars, on va passer à autre chose... »
La séquence n'a duré que quelques secondes, cinquante-cinq exactement. Quelques secondes d'échange entre deux journalistes qui, sur une grosse semaine, peuvent passer jusqu'à seize heures de leur temps en direct devant un micro. Et oublier, de fait, qu'ils parlent… devant un micro.

À la présentation ce jeudi soir, Vilas raconte, deux ans plus tard, que cette histoire le poursuit encore. Il n'y a pas une semaine sans que son nom ne soit mentionné sur les réseaux sociaux en rapport avec la séquence. Cela l'attriste. « L'argument que j'ai trop souvent lu, c'est celui de dire que ça s'est passé parce que Gilbert n'était pas là. C'est irrespectueux envers moi et c'est fuir ses responsabilités. Je maîtrise ce que je peux. Tu essaies de rappeler les mecs à l'ordre mais c'est une affaire de secondes... » Dans l'oreillette de Vilas, Jérôme Thomas alerte du danger mais il est trop tard. Lors de la coupure pub qui suit la discussion, le producteur rentre sur le plateau et prévient : les gars, faut faire gaffe. Il est convenu qu'ils en reparlent à la fin de l'émission. « Sur le coup, tu écoutes le truc, tu sais que c'est une connerie, mais tu peux pas les museler, confie encore Vilas. Et puis, comme s'il n'y avait jamais eu de débordements quand Gilbert était à la présentation ? Moi, j'ai rien à me reprocher, je suis pas leur père... »

Ce jeudi 6 juin 2019, la saison est terminée quand une jeune femme brésilienne, Najila Trindade, accuse Neymar de l'avoir violée dans un hôtel parisien quelques semaines plus tôt. L'affaire défraie la chronique et secoue les programmes à une époque de l'année qui sent bon les vacances. L' After commence en plein jour et à la télévision, on apparaît déjà bronzé. Le tournoi de Roland-Garros occupe toutes les après-midi pour le plus grand bonheur des journalistes de l'After, passionnés de tennis. Et puis Roland, c'est toujours plein de promesses. Les grandes vacances, l'été sans fin. Aussi le bref échange de 22h52 aurait-il pu passer inaperçu. D'ailleurs, chacun n'en prend pas forcément conscience sur l'instant. « À ce moment-là, je suis en réalisation télé, se souvient Paul Vexiau. Sur le coup, je sens que c'est juste une blague, je m'en rends pas trop compte. Une blague comme ça, tu la fais hors antenne, c'est différent... Mais une fois que c'est à l'antenne... Après, moi, ça passe comme ça, je réagis pas forcément sur le coup. »

Dès la fin de l'émission, alors que Daniel a déjà quitté la radio, Jérôme Thomas et Nicolas Vilas s'entretiennent avec

Rothen, le rappellent doucement à l'ordre. Et préviennent déjà : si la séquence est coupée et diffusée sur les réseaux sociaux, le *bad buzz* décollera. Rothen sait qu'il a fait une gaffe. Tout le monde part se coucher et par chance, le week-end commence dans un calme d'étang. Aucune vague, rien. Ça tombe bien, ce dimanche de Pentecôte, à Roland, Rafael Nadal affronte Dominic Thiem.

***

Un an et demi après les faits, Daniel se souvient par cœur de l'agenda de ces jours compliqués. Il explique : « L'affaire démarre le dimanche, trois jours après, par Twitter. Je pense que ça vient de quelqu'un de la maison. » L'éditorialiste est dans les tribunes de Roland-Garros avec sa compagne Géraldine Maillet quand il prend la mesure de l'événement. Les messages pleuvent. Sur les réseaux sociaux, l'affaire prend une mauvaise tournure. Vilas se souvient encore de cette sidération du week-end, trois nuits après une émission mouvementée certes, mais vite rangée au placard. « Quand on m'appelle le dimanche aprèm, jamais de la vie je pensais que ça prendrait cette ampleur… Il y a toujours eu des grosses conneries dites à l'antenne mais aujourd'hui, sur certains thèmes, tu marches sur des œufs. Il y a des différences de contexte, de support, il y a MeToo. Tu dois faire gaffe. (…) À ce moment-là, l'After est diffusé en télé, or tu peux dire plus de conneries en radio. T'imagines une émission Skyrock diffusée à la télé, avec le nombre de saucisses qui sont dites ? C'est la double peine, la télé : tu as le son et l'image...»

Daniel prend l'initiative d'inviter Marlène Schiappa à l'antenne dès le dimanche soir. Il présentera ses excuses et s'expliquera avec la secrétaire d'État en charge de l'Égalité entre les femmes et les hommes. L'échange, certes un peu commandé, est correct. Schiappa se désole que ce genre de propos alimente la culture de viol, « un concept qui vise à relativiser, minimiser, plaisanter » sur le sujet. Plus tôt, elle avait twitté : « *Je pense à toutes les femmes qui hésitent à dénoncer/porter plainte après avoir été violées ou agressées sexuellement et qui craignent ce type de remarques. Évidemment, je signale ces propos au @csaudiovisuel. Au-delà de leur bêtise crasse, de leur méchanceté notoire et de leur méconnaissance de la culture du viol, ils offensent les femmes (et par ailleurs nuisent à l'image du foot).* »

Jérôme Rothen, qui n'est pas à l'antenne ce soir-là, s'excuse lui aussi, via les réseaux sociaux. Il écrit : « *Je tiens à présenter mes excuses suite aux propos tenus dans @AfterRMC jeudi dernier concernant l'affaire Neymar. Ce n'est pas acceptable, et je regrette de ne pas en avoir pris conscience sur le moment* »

L'After semble reprendre son rythme de croisière après la discussion cordiale entre Daniel et Marlène Schiappa. On évoque la défaite des Bleus contre la Turquie en qualifs de l'Euro et la rumeur qui envoie Antoine Griezmann au PSG. Mais sur les réseaux sociaux, la séquence est regardée, découpée, commentée, et tout Paris la distribue par voie de presse. Alors qu'on pense que le feu est maîtrisé, dans la nuit de dimanche à lundi, la ministre des Sports Roxana Maracineanu publie un tweet lourd de sous-entendus : « *Pour qu'on puisse parler autrement du sport et autrement des femmes dans notre société, il faut penser à une revue d'effectifs. Je connais des joueurs de 5ème division de district plus pertinents que Riolo et Rothen. #chroniqueursetconsultantsresponsables* »

Une ministre demande donc la tête des journalistes. L'étau se resserre et Daniel s'interroge : « Pendant combien de temps j'ai pris conscience que ça pouvait être mortel pour nous ? Du dimanche soir au lundi midi… ? » Jérôme Thomas a aussi pas mal cogité. Il reconnaît : « Pendant vingt-quatre heures, on a pensé que l'After pouvait s'arrêter. » En interne, Gilbert essaie de sauver la baraque : « J'ai dû dire : écoutez c'est simple, si vous les virez, il n'y a plus d'After... »

À l'époque, Laurent Eichinger a remplacé François Pesenti à la direction de RMC Sports. Pesenti n'a pas eu à traiter l'épineux dossier mais il a suivi l'affaire, comme tout le monde, et confie aujourd'hui : « Ce sont des remarques de gros ringards, pas du niveau des gens de l'After. C'est dégradant pour elle et pour les femmes, c'est pas acceptable. Mais on ne vire pas une équipe pour ça. (…) Le recul devient très dur à l'heure des réseaux sociaux qui deviennent des réseaux de délation. Ils constituent autant de réseaux de lobbying, de contre-pouvoir, de pression. Ils prennent une ampleur colossale dont vont s'emparer des ministres ou des associations qui veulent servir leurs causes. »

Florent Gautreau, qui avait déjà quitté la rédaction, analyse aussi : « Daniel est attaqué par toute une frange de gens qui n'écoutent pas l'After. Tout le week-end, on me parle de discours sexiste, de "ton émission", de radio bistrot… J'en entends parler jusque dans le cercle amical et familial. Alors le soir, j'envoie un texto à Daniel : je ne te suis pas sur la forme et le fond, mais tu peux compter sur moi car je ne supporte plus de voir ce torrent d'insultes du milieu bien-pensant. Les gens qui ne l'aimaient pas se réjouissaient de ce qui arrivait. Donc c'était le soutien à un pote dont je sais qu'il est tout sauf sexiste. Il n'y a pas de débat là-dessus. »

Dans la journée de lundi, Gilbert se souvient de l'information tournant en boucle tous les quarts d'heure sur France Info : « Jérôme Rothen et Daniel Riolo mis à pied, etc. etc. » Dans la journée, les journalistes ont appris par la direction qu'ils étaient suspendus d'antenne jusqu'à nouvel ordre. Daniel se remémore : « La journée du lundi a été relou… C'est une journée où je me suis dit : quel pli ça peut prendre cette affaire-là, est-ce que tout peut s'arrêter ? » Or, le jour même doit se tenir une opération préparée de longue date par l'émission : le match de l'After, censé réunir consultants, auditeurs, journalistes et sympathisants du programme au stade Bauer. « Eux ils étaient pas bien, raconte Gilbert. Au début on se dit, est-ce qu'on l'annule ou pas ? On avait tout lancé, le match devait être commenté à l'antenne. On devait faire une soirée un peu délire avec Cazarre et Di Méco qui commentent. (…) On arrive à Bauer, c'était entrée libre et tu sais jamais trop à l'avance comment ça va se passer. La tribune était pleine, les gens étaient au courant, ils nous soutenaient, "Ouais les mecs on est avec vous !" Daniel et Jérôme sont venus, ils étaient coachs. On a installé les bancs au niveau de la tribune. C'est parti en vrille, c'est devenu n'importe quoi… »

Sur le terrain, on assiste à un but sur coup franc merveilleux de Kévin Diaz, à la panenka ratée de Simone Rovera, face à un Lionel Charbonnier vexé, au coaching payant d'un Daniel Riolo survolté, engoncé dans sa doudoune bleue. En tribune, un kop s'est improvisé autour de Baptiste Petrieux, avec fumigènes et drapeaux. Gilbert raconte que Christophe Dugarry, sur le terrain lui aussi, en garde un souvenir incroyable et lui aurait dit : « Les mecs, vous m'avez réconcilié avec le foot… » La soirée est une bouffée d'oxygène pour l'équipe mais l'opération commerciale est une déception. Car le match n'est pas retransmis en direct, étant donné la posture délicate dans laquelle se trouve la radio. L'affaire Riolo-Rothen s'ajoute qui plus est à une mise en demeure du CSA survenue au début du mois de juin. Daniel rappelle le contexte : « RMC avait diffusé la finale de la Ligue des Champions sur BFM TV et ils avaient pas le droit. Donc le CSA était déjà un peu sur le dos du groupe et Weill ne voulait vraiment pas qu'il y ait de vagues. Et c'est tombé pile à ce moment-là… Donc ça l'a saoulé, mais je crois pas qu'ils aient réellement pensé à nous virer. Ça, j'y crois pas. Weill, il nous a toujours vachement protégés, j'y crois pas. Mais le lundi a été agité, ouais…»

Florent Gautreau qui, comme les autres, a pris son bain de foule à Bauer, a été tracassé par cette histoire. «J'étais très proche du successeur de Pesenti *(Laurent Eichinger, ndlr)*, confesse-t-il. J'avais prévu de l'appeler pour lui donner ma position. Il avait moins l'antériorité, l'aspect historique de l'After. Il ne fallait ni arrêter l'After, ni virer Daniel et Jérôme. Car ça ne se justifie pas. L'After doit survivre à ça. C'est une boulette, voilà. La suspension était tout à fait proportionnée.»

Florent Gautreau n'aura pas à décrocher son téléphone. Le mardi midi, alors qu'il joue au tennis, Daniel reçoit un appel rassurant de Laurent Eichinger. «Il nous dit: "Vous restez suspendus mais on ne vous virera pas."» Rothen et Riolo sont mis à pied une semaine et Daniel conclut: «On a eu un soutien énorme. Des patrons et des rédacteurs en chef d'autres émissions nous soutenaient. Au final, c'est Twitter qui a affolé le truc, qui a fait le cirque. La mise à l'index, c'est Twitter, c'est le public, pas les politiques. S'il n'y a pas une vague sur Twitter, il ne se passe rien. C'est le public qui décide à ce moment-là qu'on est les méchants, c'est pas Marlène Schiappa. En aucun cas c'est notre direction ou les politiques qui ont décidé ça. (…) Quand pendant des années tu as eu le président de la fédé, Raymond Domenech, Jean-Michel Aulas, Vincent Labrune, les présidents de club qui appellent Pesenti pour, en gros, foutre la pression pour qu'on se taise ou qu'on change de discours à l'antenne, c'est beaucoup plus grave. Pesenti et Weill nous ont toujours soutenus. Pesenti nous disait : “Je vous raconte pas 1 % de ce que je reçois à cause de vous tous les jours.” »

Cette semaine-là, comme chaque matin, Florent Gautreau va boire son café au comptoir du Terminus, à Suresnes. « Le patron me dit : “Mais ici, les mecs disent ça tous les jours !” » Si l'émission assume son côté café du commerce, Florent tempère : « À l'After, on porte une parole qui est écoutée. Faut éviter ce genre de propos pour des gens de passage, pour qu'ils ne pensent pas que le foot, c'est qu'un truc de vestiaire où l'on balance des vannes sur les nanas. Ça met à mal notre travail de légitimisation de la culture foot. Toute ma vie, on m'a dit : tu pourrais mieux faire que du journalisme sportif… Alors si on veut crédibiliser le sport, il faut éviter ce genre de chose. Ça nous ramène à l'image que certains veulent donner à RMC, à l'étiquette qu'ils veulent coller à l'After. »

***

Vilas, témoin malheureux de cette histoire, ne peut s'empêcher de se faire des nœuds au cerveau. « Bien sûr que tu culpabilises quand même... Tu es là, t'as assisté au truc, et tu n'as peut-être pas fait tout ce qu'il fallait pour pas qu'ils le disent. » Opéré des ligaments croisés lors de ce lundi tempétueux, il raconte : « Les jours qui ont suivi, j'ai reçu beaucoup d'appels. J'étais sous morphine, j'ai répondu à personne... » Il est mis en arrêt de travail pour trois mois et quand vient la rentrée, il bascule sur la quotidienne du soir en télé. Il ne seconde plus Gilbert à la présentation de l'After et se désole : « Le hasard a fait que les mecs pensent que j'ai été sanctionné à cause de ça. Limite c'est moi le coupable. » Et Vilas résume tristement ce jeudi noir : « Elle accuse un joueur de foot de viol, et on est en train de se foutre de sa gueule parce qu'elle serait pas assez bien foutue ? Nan mais stop... »

L'affaire aura laissé des traces qui ne s'effacent pas tout à fait. Et pendant quelques heures, certains ont même imaginé qu'elle sonnait le glas de l'émission. Paul Vexiau philosophe avec flegme : « Vu que c'est remonté jusqu'au ministère, je ne sais pas s'ils se sont dit : est-ce qu'on est obligé d'aller jusqu'au bout et de sortir tout le monde, ou est-ce qu'une mise à pied suffit ? Je pense qu'ils ont beaucoup réfléchi. Mais oui, il y a forcément un moment où on s'est dit : si ça se trouve... »

Si ça se trouve, l'After s'arrête là. Ce ne sera pas le cas. Reste à savoir si ses journalistes contrôlent davantage leurs propos depuis cette triste histoire. Daniel répond : « De toute façon, aujourd'hui, c'est une auto-censure. Tu sais qu'il y a des vagues que tu peux plus faire et puis voilà. Mais je ne vois pas ce que je ne dis pas que je disais avant. Franchement, il n'y a pas d'auto-contrôle. Je fais peut-être moins mes vannes sur les gonzesses en boîte de nuit, et encore... »

LES ROUTIERS SONT SYMPAS

Une fois qu'il a garé son 44 tonnes dans le ventre du ferry, Joris descend de son camion, prend la passerelle et monte sur le pont du bateau. Dans les odeurs capiteuses des moteurs, Belfast s'efface dans la nuit. Dans trois heures, il débarquera sur le port de Cairnryan, en Écosse, à quelque 130 km de Glasgow. Pendant la traversée de la mer d'Irlande, les transporteurs routiers s'occupent comme ils peuvent. Certains piquent un somme ou prennent une douche. D'autres vont touiller un café au comptoir en bois ciré. Parfois même, si on tombe bien, il y a un match de foot qui passe sur les télévisions du salon voyageurs.

Joris, de son côté, télécharge le podcast de l'After. Écouteurs enfoncés dans les oreilles, il flâne sur le ponton, prend les embruns et suscite la curiosité des autres voyageurs quand il s'excite tout seul sur des propos tenus la veille par les consultants. À 2000 kilomètres de sa famille et de son pays, il s'affranchit des frontières à sa manière. Le podcast de l'After est une habitude quotidienne, qu'il soit en Irlande, en Écosse, en Belgique, en Hollande, en Suisse, en Italie, sur terre ou sur mer. Comme il l'a dit la seule fois où il a eu l'occasion de passer à l'antenne, au volant de son camion, Joris a avalé plus de 2,5 millions de kilomètres. Et presque autant avec l'After dans les oreilles…

« Moi je suis en 44 tonnes, en gros c'est les semi-remorques que tu vois sur l'autoroute. Je fais du convoi exceptionnel donc je suis régulièrement escorté mais ça dépend des pays. Après avoir chargé un moteur d'avion, après avoir bien transpiré, tu prends ta douche chez le client, tu montes dans le camion et là, tu sais que tu vas rouler quatre heures et demie. Eh bien ton petit plaisir, c'est de te faire ton podcast… Je pense que c'est comme le mec qui va courir, ça fait partie de son truc. »

« L'After, je l'écoute depuis peut-être douze ans. Quand t'es derrière ton volant à rouler toute la nuit, tu as besoin de t'occuper. Avoir une émission qui t'accompagne, c'est important. Chaque routier a ses petites habitudes. Alors au début, tu zappes un peu, tu découvres ce qui passe et quand tu tombes sur un programme qui te plaît, tu te branches et tu prends tes habitudes. J'écoute tous les podcasts, j'en rate pas un. Quand je roule, le réseau n'est pas bon, pareil quand je passe une frontière, ça peut être compliqué, donc je télécharge les podcasts, comme ça je suis tranquille. »

« L'After, y a un ton particulier que tu retrouves pas ailleurs. Pour moi, c'est la dernière émission de débat avec une telle liberté d'expression. Tu les connais, ils sont sincères, tu t'attaches à eux… Daniel, qu'on l'aime ou qu'on le déteste, il a quelque chose de particulier. C'est peut-être un personnage qu'il s'est créé, je sais pas. Parfois la forme n'est pas bonne, il se met à hurler et son message perd en qualité. (…) Je repense de temps en temps à cette auditrice qui disait qu'elle n'aimait pas forcément le foot mais qu'elle aimait l'émotion, les débats d'idées. Tu vois, c'est comme Maradona qui a porté le foot ailleurs que sur le terrain. L'After, c'est pareil. Une émission de foot qui a porté le football ailleurs. Ils ont dépassé le cadre. »

Avant de devenir chauffeur routier, le trentenaire originaire de Metz, amoureux du foot en général, a vibré pour l'aventure européenne du PSG entraîné par Luis Fernandez et plus tard pour l'Arsenal d'Arsène Wenger. « J'ai pas eu de transmission familiale. Je suis pas supporter, c'est comme ça. J'assume mon côté Footix, mais je peux pas dire que je sois supporter d'un club. » Comme beaucoup, Joris connaît la frustration de l'auditeur qui écoute l'émission en décalé. Impossible d'appeler sur un coup de tête, impossible d'interagir avec les chroniqueurs. Régulièrement, il récupère des émissions déjà bien datées qu'il a manquées du fait de l'exigence de son rythme de boulot : douze jours sur la route, et trois jours à la maison. Une fois chez lui, il interrompt la perfusion pour profiter un maximum de sa femme et de ses trois enfants. « Quand je reprends la route, en gros, j'ai trois podcasts à me faire. Et ça, c'est un de mes petits plaisirs. »

Pendant le premier confinement, Joris a continué à travailler. Il a vécu en mouvement dans un monde à l'arrêt. Il a troqué les repas chauds des restaurants routiers pour des sandwichs triangle dégueulasses. Il se souvient des douches prises dans les ferrys désertés avec les routiers roumains ou polonais, de cette vie quotidienne qui pour lui et beaucoup d'autres n'a pas vraiment changé. « Mes clients, j'allais pas les envoyer chier parce qu'il y avait le Covid. Je dois bosser, moi ! Alors quand j'entendais Ducrocq ou Rothen qui défendaient les joueurs qui ne voulaient pas reprendre le championnat, ça me rendait dingue... Les joueurs, ils avaient le luxe financier de pouvoir refuser de jouer. C'est pas populiste de dire ça, c'est comme ça. Mais j'avais envie de leur dire : ton employeur, ton club, il va crever. Alors va jouer ! Si tu fais le décompte de tous ceux qui ont continué à bosser, t'en as plein, en fait. Comme moi, je pense que beaucoup ont apprécié l'After pendant la période du Covid. Ça n'a jamais été aussi intéressant… »

Glasgow, Manchester, Liège, Vérone… Pour beaucoup d'auditeurs, ces villes évoquent d'abord des grands clubs européens, les potins du lundi entre Drôles de dames. Mais pour Joris, ces destinations représentent une géographie intime, des grands axes sur lesquels il use les essieux de son semi-remorque. Il aime son boulot alors il ne parle pas de consolation. Mais on devine qu'il combat aussi l'éloignement familial, la mélancolie du voyageur solitaire grâce à son podcast. Ça paraît pas grand-chose, et pourtant. Le rituel radiophonique apporte un peu de chaleur aux longues nuits de route. « Tu sais, dit-il, j'ai du temps à tuer derrière mon volant... »

CONFINEMENT, ESPRIT DE FAMILLE ET DIGRESSIONS

L'autoroute est vide. Pas un péquin à l'horizon. Dans le soir qui tombe, la quatre voies désertée, lunaire, pourrait faire penser à une mauvaise série de science-fiction. Au volant de sa voiture, Florent Gautreau n'est pas non plus David Vincent, le héros des *Envahisseurs*, mais c'est tout comme. Seul au monde, il cherche désespérément une station service ouverte sur l'A81 qui contourne Laval. Entre Rennes et Le Mans, il file dans un sens puis dans l'autre. Le chroniqueur des lundis soir a quitté l'After quelques semaines plus tôt pour devenir le nouveau directeur de France Bleu Mayenne. Et pas de bol, on lui met déjà une pandémie dans les pattes, avec un « confinement », ce mot qui existait sans même qu'on le sache dans le vocabulaire jusque-là.

Ce 26 mars 2020, la France est cloîtrée depuis dix jours, le pays s'est arrêté et le citoyen français s'habitue déjà à cocher la bonne case de son attestation dérogatoire pour sortir son chien ou acheter une baguette de pain. La tête dans le boulot, accaparé par la gestion de ses effectifs et la situation extraordinaire du *lockdown*, Florent a oublié de se ravitailler. Tous les magasins sont fermés et les restaurants n'ont pas encore mis en place leurs services de livraison. Alors il tourne en vain sur la quatre voies à la recherche d'une station essence, seul établissement possiblement ouvert, encore, et qui détient peut-être dans ses frigos un précieux sandwich poulet crudités Sodebo, un Pulco citron, des petits beurre ou des Finger... Le genre d'alimentation qui ferait grimacer Daniel Riolo. Pas de la bouffe mais presque. À situation exceptionnelle, régime exceptionnel. Florent cherche simplement de quoi tenir la soirée, seul, dans les bureaux de la radio.

Si le journaliste se souvient très bien de ce soir-là, précisément, c'est parce qu'il a fini par la trouver, sa station service. Le mec s'apprêtait à tirer son rideau de fer et il a vu Florent débouler. Il a regardé cet individu sortir de sa voiture avec des yeux de merlan frit. Mais Florent se souvient aussi de cette soirée parce qu'il écoutait l'After Foot en conduisant, lui, l'ancien de la maison. Alors que toutes les émissions de sport du PAF se sont mises en sommeil, l'After continue d'émettre. Et ce 26 mars, Florent, au volant, échange des messages avec Daniel qui les retransmet parfois en direct. L'ancien entraîneur des Bleus Michel Hidalgo vient de mourir et pour une génération de passionnés, l'heure est grave, émouvante. L'After se souvient : France-Bulgarie 76 dont on repasse un extrait – « Je n'ai vraiment pas peur de le dire, M. Foote, vous êtes un salaud ! » –, le Mondial en Argentine, France-RFA 82, la victoire à l'Euro dans un Parc acquis à la cause, en 1984… C'était ça et tant d'autres souvenirs, les Bleus de Michel Hidalgo. Pour Daniel, Florent, Gilbert, c'était aussi l'enfance. On reçoit même un auditeur de 75 ans ce jour-là, un type né en 1945. Rendez-vous compte...

Dans une atmosphère morbide, la France bat au rythme du bilan quotidien des morts du Covid, elle se retranche après avoir applaudi les soignants au balcon. Et malgré tout, il s'en trouve encore quelques-uns pour causer football de 22 heures à minuit. Cela détonne, froisse même certaines sensibilités qui voudraient voir des blouses d'hôpital et entendre des infectiologues du café noir à la tisane du soir. Florent remarque plutôt: «Pendant le confinement, ça a sauvé des gens. Et je comprends... Moi j'écoutais aussi. Ça faisait du bien, t'avais besoin de souffler.»

***

À l'idée d'assurer une quotidienne sans le moindre match de football, Paul Vexiau a pourtant été perplexe. Il s'est d'abord montré prudent et raconte: «On se demandait si on allait pouvoir remplir les émissions. On cherchait des thèmes qu'on n'aurait jamais pu aborder autrement, sur les supporters, l'histoire des clubs... Ça a été des After très sympas, qui changeaient des After de match. On a lancé la LFA pendant le confinement, la ligue fermée de l'After avec un quizz de vingt minutes tous les jours et un championnat. Je pense que pour beaucoup de gens, ça a été une soupape. À force d'entendre parler de Covid toute la journée, les auditeurs, ça les changeait. Il n'y avait plus de sport mais au niveau des appels, on voyait que ça marchait bien.»

«Je n'ai jamais été inquiet, témoigne Gilbert après coup. On a été la seule émission qui a continué et on n'allait pas lâcher les gens à ce moment-là. On s'en est sorti par le haut de ce truc, contrairement à ceux qui ont tout arrêté et continué de prélever les abonnements. Même *L'Équipe* a réfléchi à ne pas sortir certains jours... La grande tendance, dans tous les médias, c'était d'arrêter le sport pour faire des émissions spéciales, pour faire des programmes de confinement. Et moi je voulais pas. J'ai dit "attends, nous on fait partie de la vie des gens, c'est pas quand ils ont le plus besoin de nous qu'il faut se barrer, quoi!" J'ai lourdement insisté pour qu'on continue. Ici, ils ont arrêté l'émission de Dugarry manu militari. Moi, j'ai insisté auprès des chefs. On nous disait, oui mais il n'y a plus d'actu... Mais si, de l'actu il y en a tout le temps, même quand il n'y a pas de matches! C'est une bêtise. Et les faits m'ont donné raison: entre l'arrêt du championnat, est-ce qu'on reprend, les polémiques du moment, Aulas, la fédé, la ligue, les droits... ça a été un bordel sans nom. (...) On a obtenu le fait de continuer, de 22 heures à minuit, sept jours sur sept. Ici, il n'y avait quasiment personne. On était trois, Jérôme Thomas, Paul Vexiau et moi.»

Max embauche tous les soirs lui aussi, pour prendre les auditeurs au standard. Et dans les bureaux vides, l'étage de la rédac' devient l'un des seuls lieux de vie de l'immeuble. Gilbert compare les feuilletons qui ont rythmé le confinement aux séries Netflix qui ont biberonné les Français. L'After récupère tous les fans de foot sevrés de leurs émissions habituelles. Et le confinement met en lumière les faiblesses du foot français, le peu de considération pour le sport dans notre pays. Alors que les autres championnats se remettent prudemment en marche, le petit milieu se déchire. Il ne bénéficie d'aucun appui politique. L'After se positionne clairement pour la reprise de la Ligue 1 et devient, selon Gilbert, « le poil à gratter du foot français ». Jean-Michel Aulas s'emmêle les pinceaux avant de défendre bec et ongles la reprise. Le président lyonnais, souvent fâché avec l'émission, se trouve un allié influent et précieux.

À l'époque de ces « After radio-travail », Willy Sagnol devient l'homme du jeudi. Éric Di Méco revient aussi dans l'émission. Les chroniqueurs se découvrent de nouvelles habitudes à domicile. « On leur a installé un boîtier Scoopy, comme celui qu'a Fred, précise Gilbert. Orange vient t'installer une ligne spéciale chez toi et voilà... » Jérôme Rothen rejoint la bande depuis son canapé, Daniel dans sa salle à manger, Pierre Ducrocq en cuisine et Willy dans son bureau. « Ce qui me plaît depuis le début du confinement, c'est que Daniel parle tout doucement... » s'amuse Di Méco. Daniel, qui a quelques penchants hypocondriaques, enchaîne les hauts et les bas :

« Hier, j'ai eu peur. J'avais la tête comme une citrouille, je me suis dit, ça y est je suis dedans... » Depuis sa propriété bourguignonne, Lionel Charbonnier invite sa femme à l'antenne pour évoquer la *pasta alla carbonara*, les pâtes à la charbonnière. Daniel se moque de la villa de Rothen : « T'occupes pas une partie du 92 et une partie du 78, Jérôme ? »

Durant cette longue période sans foot, chacun partage son expérience de confiné, ses états d'âme parfois, et les correspondants prennent enfin le temps de raconter les moments historiques de leurs championnats respectifs. Dans cet exercice, Polo excelle, qui envoie sans problème du Borussia Mönchengladbach des années 70. Simone Rovera, coincé à Turin, évoque le déluge de Pérouse fatal à la Juve. Fred rappelle quelques mauvais souvenirs aux Parisiens en revenant sur les grandes années du Deportivo La Corogne. Daniel et Polo se déchirent sur la Nuit de Séville…

Surconfiné à Madrid où la situation sanitaire est catastrophique, Fred reconnaît aujourd'hui que le rendez-vous vespéral lui faisait un bien fou : « Moi j'ai adoré, on a fait les plus beaux After de l'histoire… Un soir, on fait un After sur le cinéma et le football. Et là j'ai adoré, il fallait être inventif… On a fait des After créatifs et on s'est rendu compte qu'on était au-delà d'une simple émission de foot. On était une bouée de sauvetage pour les gens. » Fred et les autres journalistes de l'émission reçoivent des messages par dizaines. Parfois trois mots seulement. Ceux-ci : « Merci d'être là. »

***

L'After de confinement a permis au programme d'assumer totalement son esprit de famille. On parle de foot, très bien, mais on digresse aussi. Et maintenant qu'il s'est éloigné de l'émission, physiquement du moins, Florent Gautreau remarque à quel point ce média d'habitude a besoin de repères. « Les fameuses digressions de l'After, c'est vachement important… Gilbert est très bon pour ça. Un truc part, quelqu'un raconte son week-end, son film d'aventure préféré, et là tu vas commencer à partir en digression sur un thème. Et ça, je pense que les gens adorent… C'est un peu comme Ruquier aux *Grosses Têtes*. T'as envie du décalage, du pas de côté. L'After a ce côté déconnant voire trivial sur ces digressions personnelles. » Pendant le confinement, la cuisine s'invite à la table de l'After. Cela donne des moments de radio absurdes… :

« Gilbert : Alors attention, on a Vincent qui voulait intervenir. Salut Vincent !

– Vincent : Salut Gilbert, salut l'équipe !

– Gilbert : Alors Vincent, t'as testé la recette des carbonara Riolo ?

– Daniel : Pas que Riolo, Charbonnier aussi ! Ça a été validé par Madame Charbonnier sinon…

– Gilbert : Et alors, qu'est-ce que ça donne ?

– Vincent : Bah écoute, c'est excellent. Moi j'ai appris l'existence du *guanciale*, je pense comme beaucoup de monde.

– Gilbert : Attends, on t'entend pas très bien, l'existence du ?
– Vincent : *Guanciale.*
– Daniel : C'est une charcuterie, ce qu'en France on croit être les lardons, mais c'est largement au-dessus… »

Là-dessus, Anna Charbonnier se joint à la conversation pour évoquer le pecorino. « *Ciao, buona sera*, bonsoir ! » L'After est en roue libre, improvisation totale. Et les soirs de confinement, les digressions se prolongent, s'éternisent. Jusqu'au classique « OK » bien sec de Gilbert qui fait comprendre à tout le monde que la discussion doit prendre fin. Florent Gautreau élargit le spectre des digressions au-delà des After de confinement et note : « En fait, on a volontairement créé des personnages et parlé de nous. Daniel et ses *pasta* à l'italienne, moi et Tours, les chevaux, etc. C'est pas pour faire de la radio-réalité mais ça humanise un peu. Tu connais les personnages, tu sais d'où ils viennent, tu connais leur histoire, leurs opinions politiques même. Ça, c'est fort. »

Parmi les digressions les plus fameuses, Florent se souvient de la discussion enflammée sur les sponsors maillots. L'After avait abandonné le débrief d'un match, ou un autre débat, et délirait sur le Chaillotine de l'AJ Auxerre, les maillots Toupargel de l'Olympique Lyonnais, le « Malardeau résidences » des Bordelais champions de France 1984 ou Sainté en KB Jardin et Manufrance. Bref, une époque glorieuse où le petit Florent commandait ses maillots à distance dans le magazine *Onze*. Ce soir de folle digression, il n'est plus à l'After mais son téléphone sonne. En quelques secondes, ni une ni deux, Flo se retrouve en direct sur RMC. Et Gilbert ou Daniel, il ne sait plus bien, lui demande très sérieusement : « Dis donc Flo, on était pas sûrs alors on a pensé que tu pouvais trancher. On se demandait, il y a bien eu un sponsor Mammouth sur le maillot de Tours ? »

La période surréaliste du confinement a consacré la digression. Et à dire vrai, un After sans digression, c'est comme des pâtes carbo sans *guanciale*...

UN SOUS-DOUÉ PASSE LE BAC

Julien Cazarre nous avait prévenus. En cas de nouvelle *remontada* du Barça ce mercredi 10 mars, il était inutile de se présenter chez lui. Il aurait disparu pour un an a minima. Après un match nul et de grosses frayeurs, le PSG a conjuré le sort et s'est qualifié pour les quarts de finale de Ligue des Champions. On a donc sonné chez Cazarre et l'humoriste nous a reçus en chaussettes dans son appartement du nord de Paris. Les cheveux encore mouillés, il sort visiblement de sa douche. L'appartement sent les lointaines odeurs de shampoing. Dans son salon à la décoration minimaliste, une étagère avec quelques vinyles, des bandes dessinées et des livres pour enfants. *L'Équipe* traîne sur la table basse. Sur un secrétaire, les photos de deux grands comédiens : Pierre Richard fait la grimace dans une veste beige. Juste à côté, on reconnaît le Patrick Dewaere en maillot Chaillotine du film *Coup de tête*.

Ce samedi matin, le week-end commence. Dehors, Paris respire déjà le printemps. En plus de ça, le PSG est en quart.

Mais ces bonnes nouvelles n'empêchent pas Cazarre d'être grognon à l'heure de servir le café. Il y a d'abord eu ce livreur, « Deliveroo parce que Uber Eats c'est Marseille... », qui n'a pas trouvé son adresse la veille. « Je lui dis : "Vous êtes où ?" "Au 34 !" "Ah bah moi c'est le 33." "Oui mais après c'est 32, y a pas entre les deux..." Je lui dis : "Nan c'est une blague ? Vous me faites une blague... ?" Je sais pas dans quel pays il y a pas ça, d'un côté les pairs et de l'autre les impairs, quoi. C'est la base. » Cazarre se prend la tête entre les mains. L'avant-veille aussi, il a quitté l'After en pleine émission après un accrochage avec Daniel. Plus qu'un accrochage même, une vraie engueulade. Cazarre reproche à Daniel son mépris alors que l'humoriste prend part à une discussion sur les ouvriers morts dans la construction des stades au Qatar. À l'antenne, Daniel le coupe : « Deux secondes, on peut avoir un débat serein ? » Cazarre raconte sa version des faits : « Je lui dis : "Daniel, tu te fous de moi ?" Parce que Daniel, c'est le mec qui s'enflamme le plus, il y a jamais de débat serein avec lui, il hurle... » Mais Daniel s'emporte et lance : « Déjà tu peux te taire au lieu de hurler comme un putois, tu laisses parler l'invité et moi je vais lui répondre. Tu commences à nous saouler là maintenant. » Le micro des deux hommes est rapidement coupé. Gilbert gère tant bien que mal la discussion avec l'invité au téléphone mais en off, on devine que Cazarre et Riolo sont en pleine explication. L'humoriste rapporte : « Là il me sort une phrase magique : "De toute façon toi t'as rien à foutre là." » La situation s'envenime. Houssem Loussaïef essaie de calmer les esprits. Et Cazarre s'en va, referme la porte du studio derrière lui et jure qu'il n'y remettra plus les pieds.

Deux jours plus tard à peine, il est encore sur les nerfs. Navré. De manière générale, il regrette qu'on veuille le cantonner à son rôle de clown et qu'il n'ait pas voix au chapitre. « On me fait venir dans une émission, je suis là de 23 heures à minuit, les mecs font trente minutes sur le Qatar... Je vois pas pourquoi moi j'aurais pas un avis ? » Cazarre est encore chaud et les reproches fusent alors qu'on n'est pas assis chez lui depuis cinq minutes. Il est tout de suite très critique envers les réseaux sociaux qui, selon lui, font perdre la tête à Daniel et aux journalistes en vogue. « On a tellement de followers qu'on n'a pas de compte à rendre, on n'a pas à être sympa. Le monde de la vraie vie c'est pas grave parce que le monde virtuel est déjà génial. (...) Moi, un mec me dit "je suis fan de toi", je lui dis "nan, mon grand. Sois fan des Beatles, sois fan de qui tu veux mais pas de moi, quoi." Ça rend fou, en vrai. On sait pas qui est derrière, sur Twitter. Le mec, il est peut-être bourré, il vient de s'engueuler avec sa femme, il est vénère ou alors c'est un gamin de 12 ans. Et on prend ça ? Mais c'est comme si on prenait l'avis de tous les mecs dans les bistrots après 20 heures. "Ouais, Jacky du bar Le Penalty il a dit ça ! Quoi, quoi ? C'est abusé !" Putain mais ça va, c'est Jacky du Penalty... Moi, quand je faisais *J+1*, j'avais l'impression d'être Gandhi. T'avais un million de gens qui regardaient sur YouTube. Et on me disait : "Putain mais si t'étais sur les réseaux sociaux, t'aurais un million de fans..." Mais j'en ai rien à branler. Est-ce que tu crois que mentalement je vais aller mieux ? Mais attends, je pense qu'il y a pas pire. Si t'es pas con au départ, t'y vas tout droit.»

Au départ justement, Julien Cazarre est tout sauf con. Il est seulement dernier de sa classe. Le gamin n'est pas scolaire et préfère découper des images dans *France Football* en écoutant le multiplex de RTL que d'avancer dans ses devoirs. «Je faisais mon cahier par journée de championnat, avec des photos, des articles, des machins, et j'avais tous les ans des cahiers comme ça. Donc normalement, si t'as des parents normaux, ils se disent : alors lui ça va être soit un serial killer, soit un violeur d'enfants... Enfin il va avoir un problème. On ne peut pas être ça, ce mec est un malade. Et moi je disais à ma mère, dans la vie je veux être journaliste sportif. Elle me dit, c'est pas un métier... vraiment. Et puis après j'ai vite compris que pour être journaliste sportif il fallait être journaliste, donc ça voulait dire qu'il fallait travailler. Alors j'ai dit, bah je le serai pas.»

Cazarre enchaîne à toute vitesse. Il est 10 heures du matin et il débite avec la rapidité d'un M16 : «Moi, je suis un débile de foot alors que je suis le seul dans ma famille. Tout le monde s'en fout, j'étais le vilain petit canard. Je suis débile de foot depuis France-Allemagne 82. Sauf que je suis pas avec mon père qui pleure avec moi. Mon père il me regarde et il se dit : mais qu'est-ce qui lui arrive à lui...

Ça va, c'est un match de foot, et déjà tu devrais être couché, t'as 7 ans et il est 23 heures...» Comme il le dit lui-même, son premier club est l'équipe de France. Mais le jeune Cazarre est maudit, qui grandit sans la France en Coupe du monde. De 86 à 98, il supporte douze années d'ennui. « En 90, on avait Maradona et rien d'autre. Maradona, c'est le joueur absolu. Et puis c'est celui qui nous venge contre l'Allemagne. »

Plus tard, il bute contre un grand rival : le baccalauréat. Or Cazarre et le bac, c'est un peu le PSG et les quarts de finale de Ligue des Champions. Il a essayé, il a raté. Il a réessayé et il a encore raté. Il a essayé une nouvelle fois, il a raté à nouveau. « En fait, j'adorais passer le bac. *Les Sous-doués passent le bac*, c'était mon film culte. On était les cinq potes à redoubler le bac à chaque fois et on était content... À force de me faire virer, j'ai été interdit de lycée et j'ai dû le passer en candidat libre. » Comme le Daniel Auteuil en pattes d'eph', il a fini par avoir son diplôme à 22 ans, au bout de la quatrième tentative. Ne nous méprenons donc pas, Cazarre est un exemple d'abnégation et de résilience. Après de brillantes années de fac de lettres à Saint-Quentin-en-Yvelines, Julien, livreur de pizzas les soirs de semaine, découvre le théâtre et les copains d'Action discrète. Sebastien Thoen est son pote depuis le lycée mais c'est sur les planches qu'il rencontre Thomas Séraphine et compagnie. Il commence les piges pour Canal, et leur émission *Défi et des garçons* s'installe pour deux saisons sur la chaîne Comédie. En 2009, il est invité pour la première fois à l'After avec Action discrète pour parler de football. Impressionné par sa connaissance du foot, Gilbert lui propose une collaboration. C'est l'acte de naissance d'un certain humour footeux incarné par le barbu gouailleur.

Ses grands faits d'armes ? Les chansons parodiques, une touche d'humour qui vient d'Angleterre où il n'est pas rare que les supporters inventent des chansons sur les coqueluches de leur club. Alors Cazarre compose et rassemble les chœurs de l'After pour entonner les refrains avec lui. Gilbert, Jean-François Pérès ou Marc Ambrosiano en savent quelque chose. Les auditeurs se souviennent de « Touchez pas Gameiro » sur l'air de *Je ne suis pas un héros* :

« Tu joues au Moustoir...
Tu dois trouver la flamme qu'il faut
Pour pas dégager au premier mercato
Quand ton meilleur joueur c'est Amalfitano... »

Il y a aussi ce magnifique Makonda sur l'air de *Macumba*. Lors d'un After auxerrois arrosé au Chablis, il a aussi repris La Compagnie créole pour célébrer Alexandre Licata : *Lica, Licata, Lica, Licata, Ohé, Ohé*... Immortalisant ainsi un attaquant qui n'aura pas joué un seul match à l'AJA. Julien Cazarre mêle le mauvais goût d'hier à celui d'aujourd'hui. Enfant des années 80, il connaît ses classiques ; observateur monomaniaque du football d'aujourd'hui, il peut réciter l'effectif d'une D2 les yeux fermés.

L'After Tour est aussi un exercice qui lui réussit bien. L'homme a un tempérament plutôt sociable et ne dit jamais non à un petit verre. Dans les estaminets du Nord ou les *Irish pubs* parisiens, Cazarre est moins derrière le micro que derrière le comptoir. « On a perdu Julien Cazarre » est une phrase déjà entendue dans la bouche de Gilbert. Le sujet donne envie de décapsuler une Pelforth mais on est resté au café. L'air rêveur, Julien se remémore quelques déplacements royaux : « Montpellier c'était drôle parce qu'ils étaient tous déchirés. Déjà quand on arrive, même le mec qui organisait il était défoncé. Lille pareil. Lille, le dernier grand After qu'on a fait là-bas, les mecs ils étaient déglingués. Le Nord, c'est toujours sympa. Mais franchement le Nord… T'es accueilli super. Les mecs, tu peux les défoncer dans tous les sens, faire des vannes horribles sur leur famille, sur la mort des gens, sur le fait qu'ils sont incultes, ce que tu veux. Tu peux te foutre de leur gueule comme tu veux, ils s'en battent les couilles, il se marrent. Ça, c'est cool. Une déloc qui était mythique, c'est Marseille. Parce qu'on va à Euromed où je fais une reprise du *Lundi au soleil* sur l'Olympique de Marseille. Les mecs ils applaudissent pendant la chanson et à la fin je dis : "C'est plus facile quand on paie... Olympique de Marseille !" Et là ils m'insultent, ils me balancent des boulettes de papier... » Les Marseillais savent le titiller. À l'époque de *J+1*, une séquence montre le trublion face au parcage des ultras marseillais, recevant leurs insultes avec un grand sourire et encourageant leurs chants. Cazarre a un goût prononcé pour la provoc'.

En des temps troublés où l'on ne laisse rien passer, le comédien se permet tout. L'humour est une marche funambulesque sur une corde raide, un jeu d'équilibriste, une question de limites. On franchit ou bien on ne franchit pas. Cazarre joue sur les schizophrénies de l'époque, ses absurdités, son hypocrisie. Sur la bêtise, les tocs, les obsessions. « L'humour a quelque chose d'empirique. Tu joues sur des codes, sur ce que savent les gens parce que tu détournes ça. Le problème, c'est que tu peux faire de l'humour sur le cyclisme par exemple, mais tu vas faire trois blagues et à un moment tu vas aller dans des trucs que les gens connaissent pas. Le foot, il y a énormément de choses que les gens connaissent et sur lesquelles tu peux rire. (...) Il y a tout autour du foot. Le foot, c'est un milliard de trucs. C'est les transferts, les présidents, les clubs, les villes... Les villes sont incarnées. Les joueurs, c'est des stars comme les stars du rock. Dans très peu de sports c'est ça. »

À l'automne 2009, la rencontre entre Julien Cazarre et l'After Foot est donc le croisement de deux esprits. Ce savant mélange permet la naissance d'un genre nouveau initié par *Les Cahiers du foot* puis *So Foot* quelques années plus tôt : l'art de blaguer sur le football, français de préférence.

« LA SUPERLIGUE, C'EST LA MORT DE TOUT »

Sous la barbe du comédien, derrière les vannes de l'humoriste, se dissimule pourtant un homme sensible et inquiet. Il n'est jamais facile de faire tomber le masque d'un clown mais au cours de la discussion, devant la tasse de café vide, Cazarre lâche quelques indices en route. Car le football est aussi une belle loupe afin d'observer le monde tel qu'il va. Et tout n'est pas joli joli à regarder. « La manière dont les mecs consomment le foot, je la trouve un peu triste », se désole Cazarre. Il évoque Mon Petit Gazon dont les utilisateurs se retrouvent à supporter un joueur par-ci, un joueur par-là. « Cette façon de kiffer le foot est bizarre. Je comprends pas… Au bout d'un moment, tes émotions sont complètement diluées. Et puis j'arrive pas à savoir comment tu peux être supporter d'autant d'équipes qui sont si loin de toi. Je crois à la sincérité du mec qui dit "je suis supporter de Manchester United et j'habite à Tourcoing". Ok, mais du coup ton monde, il est virtuel. Si t'es pas avec ton casque et les mecs sur les réseaux sociaux, t'es seul au monde. Tu enlèves tout ce que tu peux avoir de concret. »

L'excès de matches, la consommation du foot sans émotion, les supporters 2.0, la VAR, les projets de Superligue… Cazarre balaie devant sa porte. Et explique : « La force du foot, c'est que c'était une sorte de sanctuaire où les trucs évoluaient très peu. Aujourd'hui, tout évolue à une vitesse improbable. Évidemment la Superligue pour moi, c'est la mort. C'est pire que tout. La VAR c'est chiant, mais la Superligue c'est la mort de tout. L'argument, c'est de dire : regarde, c'est pratiquement déjà une ligue fermée. Mais t'inquiète pas que si c'était déjà une ligue fermée, ils n'en voudraient pas, les mecs. Là, par exemple, Manchester United est pas en Ligue des Champions, et ça les fait chier. Alors que c'est le club le plus riche du monde… Et bah ça les fait chier, tu vois… Il n'y a que quelques clubs, cinq ou six, qui sont toujours là, mais sur dix ans il y a des cycles. Leipzig ou Mönchengladbach, il y a cinq ans, même pas en rêve ils sont en Ligue des Champions. Il y a eu une époque, c'était Francfort évident, Werder Brême évident. Donc on va prendre un instant T ? Alors il y a cinq ans, l'Inter et le Milan ils y étaient pas, en ligue fermée. (…) C'est comme si tu disais, pourquoi on se fait chier à ouvrir les grandes écoles à tout le monde alors que c'est 80 % de fils de bourgeois qui y sont. Bah oui, mais ces 20 % ils changent tout. Philosophiquement, ça change tout. Parce que ça veut dire que sinon, on n'y a pas accès. L'émotion que tu as eue grâce à l'Ajax ou l'Atalanta Bergame, tu l'as eue. Même si elle est fugace, c'est la magie du foot. On essaie d'enlever le seul truc qui différencie le foot des autres sports, l'incertitude du résultat malgré le différentiel dans l'opposition. C'est-à-dire malgré le fait que tu sois ultra favori, ou que tu aies plus de budget...»

Mais Julien Cazarre n'est pas un affreux conservateur nostalgique du foot d'avant. Au PSG par exemple, le club de sa vie, il vante les années qatariennes et regrette la réaction abrupte d'une frange de supporters qui n'a jamais voulu du Qatar à Paris. Surtout, il pointe du doigt leurs paradoxes. Car selon lui, Canal+ a davantage touché au patrimoine du club que les émirs. « Il y en a qui ont le Matmut Atlantique, le Groupama Stadium, l'Orange Vélodrome... Mais t'as toujours le Parc des Princes, ils ont même laissé la musique… Et les mecs qui chouinent sur le logo… Quand Canal est arrivé, ils ont tout dégagé et ils ont mis : P-S-G. Terminé. Ils ont enlevé la tour Eiffel, Canal+, t'as entendu quelqu'un pleurer ? Tout ce qu'on reproche au Qatar, Canal a fait dix fois pire. Ils ont dégagé Borelli comme une merde, eux aussi ils ont fait venir des Brésiliens, un entraîneur étranger, Artur Jorge. Ils ont changé des trucs dans le stade. Ils ont mis des haut-parleurs avec des chants et des applaudissements dans les coursives… On était déjà des Footix à l'époque ! Mais comme il y avait pas l'engouement autour du foot, ça passait. »

Dans la bibliothèque du salon, le beau livre sur les cinquante ans du PSG a le droit à une place d'honneur. Cazarre est Parisien jusqu'au sang, ce n'est un secret pour personne. Abonné non stop depuis le début des années 90, il se souvient de son tout premier match à 17 ans avec son copain Mario, un PSG-Lille en 1991. « Moi j'essaie de ne pas aller dans la facilité, et la facilité c'est de dire que c'était mieux avant. Moi j'ai vécu des années où à tous les matches, les mecs ils sifflaient à la mi-temps. À tous les matches... Vous vous rendez pas compte qu'on a insulté nos équipes pendant des années et qu'on se demandait, nan mais quand est-ce qu'on aura des vrais joueurs ? On en a marre d'avoir Fabrice Pancrate... (...) Aujourd'hui, si tu as un abonnement à 80 euros et que t'as pas un gros actionnaire, tu es l'OM. Et bah les mecs ils en peuvent plus. Ils sont au bout de leur vie. »

Cazarre s'exaspère aussi de l'exigence du beau jeu qui précède l'émotion sportive. Il prend l'exemple de la qualification du PSG contre le Barça, où le premier réflexe a été de critiquer le match retour catastrophique au lieu de saluer une qualification longtemps appréhendée comme le chat noir. « En fait, on veut rattraper le temps perdu à ne pas avoir été un pays de football, donc maintenant tout le monde, tous les auditeurs, les journalistes veulent montrer qu'on s'enflamme pas pour rien. On analyse d'abord... Mais en fait les gars, on kiffe plus le cinéma, on kiffe plus les sorties, on kiffe plus les bars, on kiffe plus le championnat parce que de toute façon c'est gagné d'avance soi-disant, on kiffe pas la Coupe de France parce que c'est de la merde, on kiffe pas les matches de poule parce que c'est des matches de poule – c'est nouveau ça aussi –, donc là, tu passes en quart de finale face au Barça…. Mais si tu kiffes pas là, tu vas kiffer quand ? »

Avant de se quitter, il évoque ce dernier regret qui est de ne jamais avoir pu trouver le ton pour animer la troisième heure de l'After. Il l'aurait voulue tout à fait à part, plus déjantée, une sorte d'after dans l'After. « Il faut une heure sur trois où on n'est plus dans le sérieux. Ils n'ont pas réussi à prendre ce virage-là. Ma place n'est pas claire parce que l'émission a voulu rester dans quelque chose de sérieux, de technique. »

Cazarre rit des autres sans limite parce qu'il rit d'abord de lui. L'autodérision est le pendant nécessaire du bon humoriste. L'indignation est son ennemi. Dans le couloir exigu qui mène à la porte d'entrée, en enfilant ses pompes et sa casquette de titi parisien, Cazarre fait remarquer que ce ne sont plus les vieux qui sont choqués désormais, mais que ce sont les plus jeunes qui ne laissent rien passer. Ils ont troqué l'insolence pour l'indignation. Cazarre note avec pathétisme : « Nous, les Français, avant, on se moquait pas mal de deux trucs : d'abord, des Japonais qui se prenaient toujours en photo. On trouvait ça ridicule. C'était la blague : “Eh les Japonais, au lieu d'être en vacances ils se prennent en photo !” Trente ans après, on fait pareil. Mieux. Les Américains, on se foutait de leur gueule parce qu'ils étaient puritains, qu'ils se choquaient de tout et qu'ils pleuraient à l'antenne pour s'excuser de tout. C'était la blague sur les Américains !

Tout les choquait. Et on se disait, mais nous heureusement qu'on est pas comme ces cons. Et bah on est juste les mêmes cons, mais trente ans après. Voilà, on est puritains et on se prend en photo.»

Julien Cazarre n'échappe pas à la malédiction du clown qui est de porter en soi une part de tristesse, une mélancolie certaine. Aussi, si le vous croisez, ne vous précipitez pas pour un selfie. Et ne dites surtout pas que vous êtes fan de lui. Fan de Fabrice Pancrate pourquoi pas, mais de lui, non. On a bien réfléchi et au fond, les seuls qui savent vraiment s'y prendre avec Julien Cazarre sont sûrement les supporters marseillais.

« C'EST NOTRE SEULE RUPTURE »

Au moment d'évoquer le cas Julien Cazarre, Daniel paraît fouiller dans ses souvenirs. Des départs de l'After, il en a connu quelques-uns. Mais on ne se fâche vraiment qu'avec ceux qu'on a beaucoup aimés et c'est peut-être ce qui fait dire d'entrée à Daniel : « En quinze ans d'After Foot, c'est quasiment notre seule rupture… C'est notre seule rupture en fait. Tous les gens qui sont passés, on garde de bons rapports avec eux. » Depuis ce jeudi soir tempétueux de mars, les deux hommes se croisent sans se saluer et la présence de l'humoriste en studio s'est réduite comme peau de chagrin puisqu'il présente désormais sa chronique à distance.

« Pour moi, c'est notre seule rupture et c'est arrivé autour de ce dont il souffre le plus : le mélange des genres, le "je ne veux plus être un clown". Il avait une frustration qui était d'être enfermé dans ce rôle d'amuseur. Je pense que cette frustration, il l'a depuis longtemps. »

Daniel revient sur la dispute et sur le mot malheureux qui a blessé Julien Cazarre, « de toute façon toi t'as rien à foutre là ». Il raconte : « Julien part bille en tête contre l'interlocuteur sur le Qatar et d'un coup il se met à hurler, à couper la parole. Il répond mal à Gilbert et mal à moi. Tu peux pas t'énerver comme ça, répondre à Gilbert de cette façon. »

Entre eux, ils savaient que la fin de la collaboration était proche. La chronique finale et le quizz apparaissaient déjà comme deux exercices fatigués, en bout de course. « On sentait la fin de l'histoire, dit Daniel. L'histoire ne lui plaisait plus. C'est un peu comme quand une relation de couple s'use. Tu ne rigoles plus à un truc qui t'aurait fait rire il y a dix ans. On a senti une usure, que ça devenait compliqué pour lui, qu'il n'y avait plus de fraîcheur, que c'était toujours pareil. »

Daniel traduit le sentiment ressenti dans les couloirs de la radio après ce triste soir de mars ; il en parle comme d'un sabordage.

La rupture entre Cazarre et l'After, Daniel la décrit presque symboliquement à travers la sidération née au cours de cette dernière émission ensemble le 11 mars : « Le mec se lève, il me menace physiquement, il fait un sketch pas possible hors antenne. Et ça, on l'a jamais eu avec personne... Tout le monde est resté bouche bée. À ce moment-là, on s'est tous regardé et on a tous compris que c'était fini. »

HEURS ET MALHEURS D'UN SUPPORTER BORDELAIS

C'était un Bordeaux-PSG en Coupe de la Ligue. Baptiste Lecaplain s'en souvient comme si c'était hier. Grand fan des Girondins, le comédien est alors l'invité d'honneur de l'After. À la fin du match, une défaite de Bordeaux, il rentre dans le studio et s'assoie instinctivement sur un des tabourets pivotants du plateau. Des années plus tard, il raconte : « Je m'étais assis à la place de Daniel, à la droite de Gilbert… Daniel arrive, me tape sur l'épaule et me dit : "En fait t'es à ma place, là…" J'ai fait une Nasri dans le bus. Et toute la soirée, il m'avait provoqué, Bordeaux équipe en bois, etc. »

Règle numéro un : on ne s'assoie jamais à la place de Daniel. Règle numéro deux : avoir le sens de l'humour.

« Aller à l'After pour faire des vannes, j'aurais peur de pas être bon, reconnaît humblement l'humoriste. Et j'ai pas la compétence de Cazarre qui a une culture foot phénoménale. En revanche, aider Gilbert ou Daniel et leur filer une ou deux vannes en direct à l'antenne, ça me fait plaisir. »

Baptiste est Bas-Normand mais il supporte les Girondins de Bordeaux. Géographiquement, le comédien aurait pu se rabattre sur le Stade Malherbe, voire Rennes. Mais il y a eu ce Bordeaux-Milan AC quand il avait 11 ans. Le premier match de sa vie, qui fut pour certains le match d'une vie. Un retour remporté 3-0 après une défaite 2-0 à San Siro. Zizou en parle encore comme d'une des plus grandes performances de sa carrière. On attrape Baptiste alors qu'il pratique son sport quotidien, un footing de dix kilomètres dans le bois de Vincennes, ou ailleurs le nez au vent quand il est en tournée. La vie est faite de petits rituels auxquels on ne déroge pas. Fringant, à peine essoufflé, il raconte : « Je peux pas aller courir si j'ai pas mon podcast. J'ai même refusé des footings avec des potes pour pouvoir écouter mon podcast. Daniel et Gilbert, je les ai tous les jours dans les oreilles... J'ai commencé à les écouter lors de la saison où Bordeaux est champion de France. (...) J'étais tellement devenu accro que lors d'un des premiers matches de championnat, Bordeaux-Montpellier, je me dis : ok, j'appelle l'After. Le mec au standard me dit bonne analyse et je passe à l'antenne. Je me souviens, y avait Di Méco et Jean Resseguié. On avait perdu 1-0... »

Le podcast constitue un art de vivre, et quand il s'agit d'After Foot c'est encore pire que ça. En cuisine, en voiture, dans le métro, sur le vélo, en faisant son repassage, en jardinant... Le podcast accompagne les choses de la vie. Au départ, Baptiste n'est pas initié à l'outil. Mais lorsqu'il se met à écumer les théâtres chaque jour pour ses spectacles, il bascule du direct au différé. « Je jouais tous les soirs et je pouvais pas suivre les matches. Un jour, quelqu'un me conseille d'écouter les podcasts. Je courais tous les jours avec de la musique. Là je mets ce premier podcast, je vois le temps que ça dure, et ça correspond à la chute de Bordeaux. Bordeaux se casse la gueule, ils se font éliminer en Ligue des Champions. J'écoute tous les jours, je rattrapais chaque émission en podcast. Quand t'écoutes le lendemain, t'analyses mieux les propos de Daniel et de Jérôme. Tous les mecs qui réagissent mal aux propos de Daniel, c'est parce qu'il réagissent en direct. Passé 24 heures, t'as plus d'analyse. (…) J'ai plus jamais voulu les écouter en direct. Le seul, c'est l'après Barça-PSG car j'étais tellement mal pour Rothen et Daniel. Dès le début, j'ai entendu le ton de la voix de Jérôme et je me suis dit, ok ça va être surréaliste. »

Lecaplain regarde les matches. Tous les matches. Le jeune homme est capable, au détour d'une discussion, d'analyser ligne par ligne les onze titulaires d'Osasuna-FC Séville. Un soir d'été, lors d'un tournage pour la série *Peplum* en Bulgarie, il nous décrit le visage décomposé de l'acteur Éric Elmosino, connu pour son rôle de Gainsbourg, quand Baptiste lui annonce qu'il saute le dîner pour regarder… Bordeaux-Ventspils en tour préliminaire de Ligue Europa. « Il me dit : "Mais t'es sérieux… ?" Lui, il connaît tous les joueurs des années 70. C'est une bible, mais une bible endormie. J'avais essayé de le ramener au foot mais il voulait pas. Il m'avait dit: "Laisse-moi tranquille, me mets pas un truc en plus." Je sentais qu'il voulait pas replonger... Parce qu'en parlant avec d'autres gens, tu mets un peu le virus. Et partout t'arrives à trouver des gars, figurants, ingé-son, comédiens, avec qui tu parles de l'After. C'est une secte, ce truc... Le fait d'écouter l'After amène une autre réflexion. Les autres parlent foot, mais t'arrives à savoir ceux qui écoutent l'After ou pas. Je le vois sur les tournages. Les échanges foot sur un plateau de tournage, c'est du très haut niveau. Ça va loin. Quand un comédien arrive et dit "ouais Neymar il est nul", il tient pas deux minutes...»

***

Lecaplain a son rond de serviette à l'After, mais il a surtout eu ses entrées au Haillan. Le comédien est un ami du directeur général du groupe M6, Nicolas de Tavernost, actionnaire majoritaire des Girondins de Bordeaux pendant presque vingt ans. Il y a quelques années, Baptiste suivait l'actualité du club de l'intérieur, papotait avec tout le monde, du staff médical à la cuisinière. Il a taillé le bout de gras avec Ludovic Obraniak, Mickaël Ciani, Benoît Trémoulinas. «Il y avait plein de bons gars à Bordeaux. T'avais des discussions avec eux, ils s'intéressaient au monde. Je me rappelle de Planus en train de s'étirer qui me posait des questions sur le cinéma. Ouais, Trémoulinas, Bellion, tout ça c'étaient des bons mecs.»

Proche de l'éphémère président Stéphane Martin, Baptiste jure que l'homme était un vrai passionné de foot. Qui, sur son temps libre, n'allait pas voir les matches de l'Union Bordeaux Bègles. « Parce que Triaud, il n'était pas au club, il s'occupait de ses vignes. La réflexion foot de Triaud, c'était le néant… Zéro, zéro, zéro… » Baptiste est mis au courant des petits potins bordelais : les moindres détails du feuilleton Thierry Henry, pressenti un temps comme entraîneur, les sales coups de Gustavo Poyet, ou cette histoire de Saoudiens pleins aux as prêts à racheter le club... mais déterminés à changer aussitôt le logo et la couleur des maillots.

Désormais, Baptiste a pris ses distances avec le football, mais il a tiré quelques leçons de cette expérience aux côtés de Tavernost : « Je sais la difficulté de gérer un club au quotidien. (…) Les nouveaux actionnaires sont à mille lieues de penser foot. Quand ils sont arrivés, ils ont regardé dans le tableau des valeurs : Koundé il s'en va, Tchouaméni il s'en va. La réalité elle est dure. Tavernost, lui, il lâchait douze millions en début de saison. Il est loin de l'image du chef d'entreprise qui s'en fout. »

Partage-t-il le regard des journalistes de l'After sur son club ? Baptiste concède : « Daniel, il se goure peu. Il peut être énervant, mais il se goure peu. Il y a peu de trucs sur lesquels je peux le dégommer. J'ai rarement été en total désaccord avec son avis sur les Girondins. Gilbert est plus lisse et moins arrêté sur les choses. Le fait de savoir qu'il est supporter d'un club qui galère, ça apporte plus de recul. Gilbert est plus posé, mesuré. Daniel est très dur mais les valeurs qu'il défend, plus ça va, plus je suis d'accord avec lui. (...) Après Daniel, sur la formation bordelaise, je suis pas d'accord. On a sorti Prior, Crivelli, Koundé, Laborde... À part Lyon, peu de clubs ont sorti autant de joueurs titulaires dans des équipes. Ça me fait du mal aussi quand on dit que Battiston est un planqué parce que j'ai maté des matches à Bordeaux avec lui et c'est un kif de regarder un match à ses côtés. Il t'explique tout. Alain Giresse, c'est pareil. Ils voient des trucs assez hallucinants.»

Mais Baptiste sait les erreurs commises par le club et révèle cette confidence de Tavernost: «L'erreur que j'ai faite, lui avait dit le patron de M6, c'est de ne pas avoir mis plus tôt un Stéphane Martin à la tête du club. Après le titre, on a mal géré le truc, comme à Montpellier, comme à Lille. Il fallait être plus rigoureux. J'aurais dû passer en mode entreprise beaucoup plus vite.» Baptiste salue l'ambiance familiale du Haillan, du temps où il y mettait encore les pieds. Mais selon lui, le club n'évite pas non plus le «côté snob bordelais». Les révélations de Daniel sur les petites cuisines du club, au printemps 2020, l'ont beaucoup atteint. «Je les ai prises dans la gueule. Il ne m'avait rien révélé avant. Des gens que je connais lui ont parlé, c'est sûr, il avait des sources internes. Et je pense que ça lui est un peu tombé dessus aussi, des gens voulaient parler.»

Depuis près d'un an, Baptiste n'a plus remis les pieds sur les planches d'un théâtre, ou presque. «J'ai fait un seul spectacle avec les normes Covid et je suis sorti dégoûté. T'avais 200 personnes dispersées dans une salle de 500, avec les masques et tout. Tu ressens rien, il n'y a pas de magie. C'est dur pour les copains de scène et ceux qui écrivent des spectacles. Mes producteurs, j'ose même plus les appeler...»

À côté de ça, Bordeaux continue de s'enfoncer. Prend des baffes contre Nîmes, Metz et Reims. La décadence du club devient plus triste encore qu'une défaite en Coupe de France contre Calais. Micoud, Laslandes, Dugarry et toute la clique battus par des magasiniers et des employés de mairie. Quand on supporte les Girondins, on porte les cicatrices d'un grand brûlé. Pour Baptiste, entre la pandémie, la fermeture des salles de spectacle et ce club en perdition, 2020-2021 ressemble peut-être à la saison de trop.

CHEZ ÉRIC

Personne n'a jamais passé la cinquième en centre-ville de Marseille depuis Samy Naceri et sa 406 blanche. C'était il y a des années de cela et pour de faux. La ville du foot en France est aussi la ville la plus embouteillée du pays. Et si l'on s'éloigne un peu de la circulation, qu'on file là-haut sur les contreforts de Notre-Dame de la Garde, il n'est pas question d'accélérer non plus. Les rues deviennent des ruelles, les trottoirs des caniveaux. Ça zigzague, ça penche, ça tangue et freine sec. Le taximan n'est pas en reste qui connaît son affaire. Il conduit avec la main au levier de vitesse de sa vieille Mercedes. La banquette en cuir a l'odeur du tabac. Sur la baie, le temps est bon, le ciel est bleu. Dans l'autoradio ce lundi après-midi, pas d'Isabelle Pierre mais les saucisses du *Moscato Show*. L'actualité de ce dernier week-end de février a été marseillaise, entre le débarquement du président délégué Jacques-Henri Eyraud, l'arrivée imminente de Jorge Sampaoli, l'Olympico qui se jouait la veille et la visite du propriétaire Frank McCourt le jour même. À l'antenne, Adrien Aigoin pose la question : « Vincent, quelle est la meilleure nouvelle pour les supporters de l'OM ? L'arrivée de Jorge Sampaoli ou le départ de Jacques-Henri Eyraud ? » Le taximan rigole dans son masque, l'air de dire : à ton avis ?

Dans moins de deux heures, Éric Di Méco donnera son point de vue sur le sujet. Entre-temps, nous aurons bu le café ensemble dans sa maison aux murs tout blancs, à flanc de colline.

Le taxi nous abandonne dans un labyrinthe, entre deux sens interdits. Vue d'en haut, Marseille semble dévaler comme une cascade dans la grande bleue. La quiétude du quartier résidentiel tranche avec le bouillonnement de la Canebière. Voilà quarante ans qu'Éric Di Méco vit à Marseille. Son club de cœur certes, mais surtout sa ville jusqu'au sang. « Je suis arrivé en 80 et j'ai toujours vécu en centre-ville. Ça fait quarante ans, donc les mecs ils m'ont tous croisé au moins une fois. C'est pas comme le joueur que tu vois à la télé et que tu vois jamais en vrai. Tu le croises et t'as l'impression de voir un extraterrestre... Moi, j'ai toujours fait partie des meubles. »

Di Méco sert le café après avoir descendu ses cartons aux poubelles et rangé à la va-vite son salon que sa fille a laissé en désordre. Bien installé dans son canapé bleu gris, il raconte en caressant sa barbe poivre et sel : « Mes copains, quand ils allaient en ville, les Papin, Rudi Völler, Desailly ou Deschamps, c'était un événement. Moi, j'ai toujours vécu là, quoi. Les mecs, ils habitaient dans l'arrière-pays. Moi, à part un petit épisode, j'ai fait beaucoup de quartiers de Marseille, autour du centre-ville, autour du Vélodrome, j'ai habité un peu partout, ouais...»

Avant de devenir un des consultants les plus en vue du PAF, Di Méco est un ancien footballeur. Tout le monde le sait mais il est toujours bon de le rappeler. De 1980 à 1994, il aura passé presque quinze ans à l'OM, quinze années ponctuées par deux prêts à Nancy et Martigues. Et son regard sur le sport est aussi celui d'un footballeur d'une autre époque, forcément. Sans réseaux sociaux, sans contrats mirobolants, sans supporterisme intrusif. Éric en parle sans regrets et pense que s'il avait joué aujourd'hui, il serait certainement comme les joueurs du moment. «Moi j'adore le football et j'adore aussi l'époque à laquelle j'ai joué. Je ne changerais pas pour revenir aujourd'hui malgré les moyens financiers qu'il y a et les contrats que font les mecs. Parce que je pense qu'ils n'auront pas les souvenirs qu'on a eus nous. Il y a trop de contraintes extérieures là où nous, on a pu être insouciants sur certains trucs. Moi je suis pas aigri par l'époque, loin de là au contraire, mais je ne voudrais pas jouer aujourd'hui. Ce ne sont pas les joueurs qui ont la plus grande part de responsabilité sur ce qu'est devenu le foot. Ils ont compris qu'ils étaient devenus une marchandise qu'on vend. Et si tu veux, le pseudo amour du maillot qu'on vendait, eh bien c'est pas leur faute si les mecs l'ont plus. Un jeune joueur qui est fort, qui sort d'un centre de formation d'un club français, s'il a envie de faire toute sa carrière dans son club formateur, il peut pas. À un moment on va le vendre parce qu'il a une valeur. On peut pas demander à un mec sur qui on va faire une plus-value et qu'on ne pensera qu'à vendre d'avoir "l'esprit club". C'est pour ça que je dis toujours : si je jouais aujourd'hui, je serais pas meilleur que les mecs. »

Être le joueur d'un seul club. Di Méco le fut mais au très haut niveau, il est probable que cela n'arrive jamais plus. Sa trajectoire est celle d'un minot né dans le Vaucluse, à la frontière des Bouches-du-Rhône, et biberonné aux exploits du grand club de la région. « À l'époque, tu naissais à Marseille, tu supportais l'OM. Tu naissais à Robion, à 80 kilomètres, tu étais supporter de l'OM. Aujourd'hui, tu es dans le Luberon, t'es supporter de Paris, de Lille, de Manchester, ou tu es supporter d'un joueur. Moi quand j'arrive ici en 80, l'histoire du club je la connais. Je connais les années 50 avec Jeannot Robin qui a été ensuite mon entraîneur, je connais les années 70 avec tous les titres qui ont été gagnés, je sais les noms des mecs qui ont fait le doublé au début des années 70... »

Éric est le fils d'un Italien qui a fui son pays après la guerre, « parce qu'en Italie ils n'avaient plus rien à bouffer ». Il a rencontré sa femme en bossant dans les champs après un court séjour à la prison des Baumettes pour vérification d'identité. Le fils Di Méco est devenu le footballeur que le père aurait rêvé d'être, sommé par sa mère de ne pas jouer au football car il devait travailler. « Mon premier lien au foot, gamin en âge de comprendre, c'est mon père dans le canapé le dimanche soir avec le championnat italien. » Interne à Avignon, Éric fait le mur avec les copains pour aller voir les matches de l'Olympique Avignonnais. Après sa première licence à l'US Robion, il joue pour la MJC Avignon, le club de Laurent Paganelli, star régionale de la fin des années 70. Éric a 13 ans quand son club est invité à voir un match au Vélodrome. Ce sera sa seule venue au stade avant de signer à l'OM à l'âge de 17 ans.

De ses jeunes années, il se souvient du Mondial 74, lui qui révérait la Hollande de Johann Cruyff, et de la Coupe du monde en Argentine où il suit la *Nazionale* à la télévision avec son père. D'ailleurs, c'est en partant passer ses vacances de l'autre côté des Alpes, enfant, qu'il adopte cette drôle d'habitude des surchaussettes. Il raconte l'histoire pour la première fois : « Putain mais vous avez pas connu ça... ? Moi j'ai joué toute ma carrière avec ça. C'était la chaussette du club découpée, tu avais une petite anse, et tu mettais tes chaussettes de tennis à toi. » Sur son canapé, Éric s'agite en mimant, difficilement, la chaussette qu'on découpe et qu'on enfile. « En équipe de France, tu regardes les photos parce que les chaussettes étaient rouges. Avec l'OM, c'est plus difficile à voir, mais j'ai joué toute ma carrière avec mes chaussettes à moi de tennis bien comme j'aimais, ma texture, l'épaisseur et le rembourrage qu'il fallait, et les chaussettes du club que je coupais comme en Italie. Là-bas, les chaussettes elles étaient comme ça.» Malgré ses efforts pour expliquer, on ne comprend qu'à moitié la combine. Mais en effet, on remarque, sur la photo d'avant-match des Bleus qu'il nous ressort, que le jeune Di Méco en catogan arbore de drôles de surchaussettes. La différence se remarque aux chevilles, à ne surtout pas confondre avec les straps, Éric y met un point d'honneur.

D'ailleurs en football, il n'y a guère que cette histoire de chaussettes qui semble si compliquée. Avec la règle du hors-jeu, à la limite. Pour le reste, la beauté de ce sport vaut par sa simplicité. De la VAR aux projets de Superligue, Éric regrette précisément qu'on rende ce sport de plus en plus inintelligible. «Moi je m'inquiète... Je m'inquiète sur la tournure que prend le foot. Il faudrait pas que ça devienne un truc un peu trop compliqué. La beauté du foot, c'est que tout le monde a tapé un jour ou l'autre dans un ballon. Tout le monde s'est passionné à un moment donné pour le foot. Et surtout, tu te mets devant une télé et puis tu comprends, quoi. C'est pas la NASA... Tout le monde peut en parler.»

«Il n'y a pas de vérité dans le foot. Le foot, ce n'est pas: j'ai raison et toi tu as tort. Le foot, ce qu'il y a de bien, et c'est un peu le succès de l'After, c'est que tout le monde peut en parler. Je ne supporte pas quand on fait des débats et qu'un ancien joueur dit: "Tu ne peux pas comprendre, tu n'as pas joué." Non, tout le monde peut comprendre! Contrairement au rugby qui est très élitiste et où les rugbymen ne supportent pas que quelqu'un d'autre leur parle de rugby. Le foot, au contraire, je revendique que tout le monde est capable d'en parler. (…) Quand je vais au bar boire le café le matin, un mec me raconte un truc et je me dis, tiens celle-là je l'avais pas vue venir. Il y a des mecs qui connaissent le foot aussi bien que toi. Ça il ne faut pas le perdre, c'est un sport populaire.»

Le café du matin en ville est un rituel pour le consultant dont le réveil sonne chaque jour à 7h10. Absent des réseaux sociaux, un choix assumé envers une communication qu'il ne comprend pas, «ce qui s'y passe n'est pas la réalité», Éric rencontre les gens qui veulent bien l'aborder à la terrasse des cafés ; à l'heure du petit noir, corniche Kennedy, ou à celle de l'apéro sur le Vieux Port. Au vu du nombre de casques éparpillés dans son vestibule, on devine qu'il sillonne Marseille sur son scooter et ne connaît qu'un grand besoin, celui de voir ses copains. Après le sport et les déjeuners entre amis, il prend l'antenne en milieu d'après-midi pour le *Moscato Show*, et la retrouve certains soirs à l'heure de l'After où sa «mauvaise foi» l'a porté naturellement. Comme les autres, il a dû se frotter à l'enfant terrible du programme. «C'est clair qu'au début, c'est une machine de guerre, Daniel. Donc tu arrives un peu dans tes petits souliers et puis bon… Moi, ça a vite matché, finalement. (…) Mais quand on est pas d'accord, ça a pu chauffer, et il y a eu une période où ça a chauffé énormément.»

Les auditeurs aguerris se souviennent d'une soirée houleuse après le match de barrage des Bleus contre l'Ukraine en 2013. Un débat sur le rôle des consultants, pointés du doigt par Daniel les jugeant trop complaisants avec le sélectionneur, avait exaspéré Éric à Marseille ce soir-là. Alors qu'il rentre en voiture d'un apéro sur le Vieux Port, il appelle l'émission et règle ses comptes en direct. « Je te le dis Daniel, parce qu'un jour ça va mal tourner, tu ne me fais pas passer pour une truffe. C'est un manque de respect. » Le ton est menaçant. Éric répète plusieurs fois « Ça va mal tourner » et ose même un « Daniel, tu n'as pas de couilles ». Ambiance... Éric revient sans problème sur cette altercation et résume aujourd'hui : « Je peux très bien ne pas être d'accord avec lui, mais moi jamais je ne mettrais en cause son travail. »

Daniel et Éric, c'est aussi l'histoire d'un pari qui finit mal pour le Marseillais, condamné à manger un rat en direct à l'antenne. Sous les ricanements de Riolo et l'œil bienveillant de Hervé, auditeur fidèle et cuisinier à Laguiole, Di Méco tient sa parole et mange un « ralvados », un ragondin flambé au Calvados. Une question demeure : César Azpilicueta avait-il vraiment sa place en équipe d'Espagne... ?

Éric collectionne les émissions mythiques. La main de Thierry Henry, il en était. Knysna, il en était. OL-Bayern, la claque des Bavarois en demi-finale de Champions dans un bar à Lyon, il s'en souvient à peine... mais il en était. « On avait fait *Moscato Show*, on avait fait Luis, il y a eu le match et on était resté dans le bar. Entre Moscato et l'After, on avait bu quelques chopines avec Vincent, et là... Quand Vincent est venu parler à l'antenne du match, là oui, j'ai souvenir d'avoir vécu un moment d'anthologie de l'After... Une des analyses de l'After les plus pointues... Là oui. C'était surréaliste, en plus le bar était bondé de supporters de Lyon déçus. Vincent avait fait son numéro...» La séquence est ubuesque, ponctuée par les fous rires de Gilbert et de Jean-Michel Larqué.

La Coupe du monde en Afrique du Sud, rebaptisée « Knysna » dans nos mémoires, a beaucoup marqué le consultant. Il se rappelle un mois de compétition épuisant sur le plateau délocalisé sur les Champs-Élysées. « Là tu sens que tu participes à un fait de société parce que ce n'était plus du football. Les ministres s'en étaient mêlés, tout le monde avait son avis. Moi je me souviens de m'être chauffé avec l'ancien ministre des Sports, Jean-François Lamour, sur le plateau. C'était très tendu. On était très tendus. Quand pendant un mois tu es tous les jours à l'antenne en train de commenter une compétition et que le truc devient une cause nationale, que tu ne parles que de cela... Une allumette met le feu à chaque émission. C'est même pesant. Ça m'avait épuisé. Et puis faut pas croire, quand tu as été joueur de l'équipe de France et que ton sport devient comme ça le sujet de conversation numéro un mais sur le mauvais côté... Moi je me sentais obligé d'être intransigeant avec ce qui se passait mais d'un autre côté, je me sentais aussi le devoir de défendre mon sport. C'est carrément bipolaire, quoi… (…) Je suis rentré épuisé des émissions, les gens ne parlaient que de ça quand tu les croisais dans la rue. Tu vas boire un coup le soir ou tu vas acheter ton pain le matin, les mecs t'en parlent, quoi… Tu fais partie de leur quotidien donc ils refont le débat le matin quand tu vas acheter ta baguette… »

Avec ses amis, depuis qu'il a commencé la radio, Éric a conclu un accord tacite. On ne refait pas les débats. « Moi j'ai un copain, il est ferrailleur, un autre il est dans l'immobilier… Je leur dis, les gars je vous parle pas du cours de l'immobilier ou du cours de la ferraille quand on boit un coup ensemble ! Si vous voulez, on parle de l'OM, de foot, mais on refait pas les débats de la journée ! »

***

L'après-midi touche justement à sa fin et dans quelques minutes, Éric sera à l'antenne pour la deuxième partie du *Moscato Show*. Il allume son boîtier Scoopy qui le met en relation directe avec les studios parisiens. L'air s'est rafraîchi et Éric referme la baie vitrée de sa petite terrasse qui donne sur la Bonne Mère. Dans le ciel bleu écru, la statue dorée veille sur la ville. Là-haut, il n'est pas rare qu'un supporter de l'OM vienne brûler un cierge avant un match décisif.

Avant de se quitter, il raconte une dernière historiette marseillaise. Celle de ce petit garçon au cartable sur le chemin de l'école, qui vient le voir pour lui dire : « Vous n'êtes pas monsieur Di Méco ? » Éric, étonné, se demande comment, à son âge, le garçon est capable de le reconnaître. Et l'enfant de répondre : « Mon papa m'a montré tous les matches. Je sais ce que vous avez fait, mon papa il m'a tout expliqué... » À Marseille, la transmission de la culture foot est familiale. Une rareté en France. Éric s'en réjouit et explique ici la mission d'un programme comme l'After pour les mômes qui ont échappé à cette transmission. « Je trouve que l'After a un peu ce rôle-là : c'est le grand frère ou le père qui t'oblige à te faire une culture sur ton club. »

On laisse l'ancien arrière gauche sur le pas de sa porte. Il s'apprête déjà à s'affairer dans son garage avant de remonter les escaliers pour rallier l'antenne de RMC. En flânant dans le lacis des ruelles qui plongent dans le Vieux Port, on songe que le rapport de Marseille à son club tient sans doute dans cette anecdote. Quand un petit garçon né après 2010 est conscient des exploits des années 90, jusqu'à reconnaître un ancien joueur qui retire son casque en descendant de son scooter. En même temps, à Marseille, petits et grands connaissent leurs classiques. Dans cette ville blanche et bleue, Éric Di Méco fait partie des meubles.

PLANÈTE MARSEILLE

« Ce qu'on voit en un mois à l'OM, les supporters d'autres clubs ne le voient même pas dans toute une vie... » Najet a la voix blasée de ceux qui ont versé dans la déception. Sans rancœur, la jeune femme parle d'un sentiment de honte et d'une grande lassitude. Elle est fataliste et s'en amuse presque : « Mais bon, on a l'habitude avec ce club. C'est les montagnes russes : il n'y a pas deux années où tu travailles en sérénité. On est habitué... »

Jeune trentenaire, Najet est une historique de l'After. La « petite Najet », comme l'appelle Gilbert, est une oreille attentive de l'émission depuis le 4 avril 2006. Une date dont elle se souvient bien : « C'était un peu révolutionnaire, sans pincettes. Et puis Lyon s'était fait éliminer en plus, donc c'était encore plus plaisant à écouter. » Il ne faut pas cinq minutes de conversation pour que la Marseillaise se mette déjà à chambrer l'encombrant rival lyonnais. Son itinéraire est l'exemple parfait d'une jeune fille estampillée « génération After ». À l'écoute du programme lors de ses études d'éco-gestion à Montpellier, « à l'époque, tu avais pas trop les ordis comme maintenant, t'écoutais les multiplex à la radio », puis à la sortie des bars ou du stade Vélodrome, « un rituel ». Et une fois entrée dans la vie professionnelle, elle s'est mise au podcast qu'elle écoute en voiture le matin, dans les fameux bouchons qui paralysent la ville. « Ouais du coup tu as un peu de temps... » s'amuse-t-elle. L'autodérision est un savoir-faire marseillais.

Najet n'a pas connu le joueur Di Méco, mais Éric fait partie de ses souvenirs de supportrice comme Raï pour le trentenaire parisien d'aujourd'hui ou Sonny Anderson pour un Lyonnais de 20 ans. On sait, on connaît. On respecte et on aime. Alors au moment d'évoquer le charismatique arrière gauche, elle sourit et repense à l'enfance : « Les premiers souvenirs qui te viennent, c'est les images Panini. Je me souviens des Panini qu'on s'échangeait dans la cour de récré. Et forcément, mon souvenir c'était la Coupe d'Europe. J'avais 6 ans et demi. Je ne te dis pas que je me souviens du match, mais je me souviens de la joie que ça a pu procurer. Et après quand tu grandis, le match, tu te le fais cent fois derrière... » Najet évoque Di Méco avec affection mais sans exubérance, sans tapage. Elle valide justement les propres mots du consultant. L'homme, fidèle parmi les fidèles, fait partie des meubles. Nul besoin d'en faire trop. « Quand il parle du club, tu ne peux que l'écouter. Il parle avec son cœur. Quand il parle, la grande majorité des supporters est d'accord avec lui. » Ceux qui s'aiment n'ont pas besoin de dire qu'ils s'aiment. Et il semble que ce soit cela, la relation d'amour entre Éric Di Méco et Marseille.

***

Un supporter sait qu'aucun mot ne peut rendre les émotions. Au contraire, les mots parfois sont vains. Alors pour comprendre Najet, il fallait être au Vélodrome ce mercredi 5 mai 2010. C'était sous une pluie d'été, quand le ciel accablé par les premières chaleurs éclate et donne aux précipitations méditerranéennes des airs de mousson. Elle y était, Najet. Et la voix de la jeune femme se pince au moment d'évoquer ce grand soir. « Mon premier grand souvenir, comme beaucoup, c'est le match contre Montpellier où tu gagnes 5-4. Mais l'année dont je me souviendrai toute ma vie, c'est celle du titre avec Deschamps. Tu as les titres, l'ambiance au stade... Quand tu as la chance d'avoir vécu au stade ce match contre Rennes, où tu gagnes 3-1 sous la pluie… C'est magique. » Ce soir-là, sur l'antenne de RMC, Florian Germain s'époumone : « Siffle, siffle, siffle, il doit lui dire… Ça va être le titre de champion, ça y est c'est fait ! Le titre de champion est sur la Canebière ! Le Vieux Port s'enflamme, le Vélodrome également ! » Gilbert Brisbois enchaîne : « L'OOOOOOM est de retour, messieurs-dames ! Dix-huit ans après, l'OM est champion... l'OM est champion de France ! »

Najet retrace le parcours de ses émotions : « Le jeu, c'est Bielsa, tu gagnes pas mais c'est beau. Après forcément, il y a les années Deschamps. Quand on va en quart de finale de Ligue des Champions et que je vois les banderoles, d'abord je comprends pas et ça me dégoûte. Puis je commence à comprendre l'envers, les groupes de supporters, Anigo, toutes ces merdes... Tu y es et tu savoures pas comme il faut ? » Le 28 mars 2012, alors que l'OM reçoit le Bayern en quart de finale de Ligue des Champions, les South Winners déploient une banderole rouge sur fond blanc : « Deschamps et tes joueurs cassez-vous ! »

« T'as beau ne pas aimer son jeu, tu peux rien dire. C'est comme ça, tu t'y fais. Ils se sont calmés sur Deschamps à l'After. Maintenant, il arrive à faire ce qu'il veut, cet entraîneur-là. » Avec l'écoute du programme, Najet est passée des soirs de match brûlants à la lassitude des années Dimitri Payet. Le temps file et il n'y a plus grand-chose à attendre. « Tu prends de l'âge, tu te détaches... » concède-t-elle sans amertume. D'ailleurs, elle reconnaît que c'est quand elle a honte de son club qu'elle ne rate pas l'After. Si les jeudis ont souvent réussi à l'Olympique de Marseille, elle sourit au moment d'évoquer les fameux jeudis noirs de Coupe de l'UEFA. « Mais ça, on le sait : ce qui fait vendre, c'est quand l'OM perd... Tu n'y vas pas pour te dire je vais me marrer, mais ça permet d'évacuer. Ça fait du bien d'entendre quelqu'un dire ce que tu penses. »

Najet a la voix cassée. On ne sait pas si c'est naturel ou si c'est faute d'avoir trop crié. Peu importe. Voilà plus d'un an que les stades sont vides, et près de quatre que Marseille dégringole. À l'échelle d'une existence, c'est déjà pas mal. Comme le peuple marseillais, Najet attend les jours de grâce pour esquinter encore un peu sa voix. Elle attend un nouveau soir de pluie heureux sur la Canebière.

« T'ES PAS RONALDO, T'ES JONATHAN IKONÉ... MERDE, FERME-LA ! »

Libéré de ses obligations, Florian quitte le parking du stade Pierre Mauroy dans la nuit du 23 au 24 octobre 2019. Il est deux heures du matin et l'attaché de presse du LOSC rentre enfin chez lui. Quelques heures plus tôt, Lille a arraché le match nul contre Valence au cours de la troisième journée de Ligue des Champions. Le but de Jonathan Ikoné à la cinquième minute du temps additionnel a libéré le peuple lillois, au terme d'un match dominé par les Dogues. Sans réussite, le LOSC a joué de malchance. Devenu inespéré, le nul a presque un goût de victoire.

Derrière son volant, Florian est rincé. Il a couru toute la journée et les émotions de la rencontre s'ajoutent à toutes ces tâches accomplies. Avant de rentrer, il se résigne à un dernier devoir professionnel qui est aussi une habitude : télécharger le podcast de l'After Foot mis en ligne un peu plus tôt. Quand on vit le quotidien d'un club de l'intérieur, l'écoute de l'émission offre deux grands avantages : elle donne une idée de l'opinion médiatique et surtout, en laissant la parole aux supporters, elle permet d'avoir leur regard.

Florian a quitté ses fonctions au mois de janvier dernier et il raconte aujourd'hui avec le recul : « D'autres émissions sont intéressantes sur RMC mais une seule fait l'opinion : c'est l'After. C'est pour ça que je faisais une écoute "professionnelle" de l'After. Ce programme, je l'écoutais différemment de tous les autres, histoire d'anticiper... Ce que j'aimais aussi, c'est le côté thermomètre de l'émission. Ça me permettait de prendre la température sur ce qui se disait sur le LOSC, sur les autres clubs, sur ce qui se passe en coulisses. Ça me permettait aussi d'avoir le ressenti du moment, un instantané. Et puis si je percevais une animosité assez forte sur l'un de nos joueurs, je faisais en sorte de le préserver ensuite face aux médias. On en revient au côté protecteur que doit avoir l'attaché de presse, quitte parfois à se mettre certains journalistes à dos. Mais ça fait partie du job et j'ai toujours été soutenu. Que ce soit par Luis Campos, Gérard Lopez ou Christophe Galtier. Sans cette confiance, impossible de bien faire son travail. »

Ce soir-là, le scénario du match ne semble pas se prêter aux critiques acerbes. L'émission se passe sans vagues. Mais Florian vient à peine de rejoindre son domicile quand Daniel Riolo se lâche sur Jonathan Ikoné. Le journaliste s'adresse alors à un auditeur lillois : « Il rentre et il met un sacré but Ikoné, on est d'accord ? (...) Qu'est-ce que tu penses de sa réaction après ? »

Auteur d'un contrôle éclair suivi d'une frappe superbe en lucarne, le joueur ne célèbre pas son but et porte les doigts à ses oreilles façon Memphis Depay. Remplaçant au début du match, Ikoné paie son mauvais début de saison. À l'antenne, Daniel enchaîne : « Moi j'aime pas ça. J'aime pas sa réaction parce que t'es pas le roi du pétrole ! T'es pas Ronaldo, t'es Jonathan Ikoné, une bonne saison dans ta vie, et t'es sanctionné parce qu'en ce moment tu joues pas bien. Putain tu rentres, tu marques… Mais c'est un match de Ligue des Champions, c'est pas un match de championnat contre Toulouse ! Mais laisse éclater ta joie, je sais pas… Son geste, c'est vraiment : "Vous avez vu qui je suis ? Moi, jamais on me sanctionne, moi…" Mais merde, ferme-la ! T'es qui ? T'es qui ? Moi ça m'énerve, ces réactions, je te jure ça m'énerve ! »

Florian rentre chez lui livide. Et ne trouvera pas le sommeil tout de suite. « Dans la foulée, dit-il, j'ai envoyé le lien Twitter à Jonathan et le lendemain je lui en ai parlé. Lui-même ne comprenait pas cette agressivité… » Alors qu'il est aux soins, Ikoné s'interroge auprès de Florian, éprouvant un décalage entre ce qu'il ressent et les propos tenus par Daniel. « Jonathan m'a dit : "Vas-y, tu peux l'appeler." Sous-entendu : je préfère que ce soit toi plutôt que moi ou un de mes gars. Quand t'as une relation de confiance avec des joueurs, ils ont parfois plus confiance en toi qu'en leur entourage. Si ça vient du club, ça valide la démarche. Si c'est un pote qui appelle… ça peut vite monter dans les tours. »

La séquence est un exemple assez révélateur d'une discussion anodine qui peut prendre une autre dimension à l'intérieur d'un club. Car contrairement au dicton, ce qui se passe à l'After ne reste pas à l'After. La moindre déclaration est épluchée, les critiques, épiées. Même un soupir en dit long. Le ton très iconoclaste apporté par l'émission dans le football français va chambouler le long fleuve tranquille des services de communication de certains clubs. Florian en sait quelque chose et rappelle les bases de son métier. « J'étais censé incarner une porte d'entrée vers l'extérieur. On ne doit surtout pas se couper de ce qui se passe hors du club parce qu'on peut toujours avoir besoin de relais, de soutiens. J'ai appris ça à mes dépens au cours de notre première saison. On a voulu y aller en mode bulldozer mais ça ne se passe pas comme ça. Gérard Lopez s'exprimait peu, Marcelo Bielsa ne donnait aucun accès aux journalistes et Marc Ingla était un très mauvais communicant. Malgré son envie, il savait pas faire… Au final, on s'est retrouvé dans une impasse communicationnelle. Quand Christophe Galtier arrive en janvier 2018, il était déjà trop tard pour faire de la pédagogie. Les galères s'amoncellent, et les médias sont devenus de plus en plus durs avec le LOSC. À raison, malheureusement… D'où l'importance de rester connectés avec les médias qui comptent en France. »

Le lendemain du match contre Valence, Florian passe donc un coup de fil à Daniel. Les deux hommes se connaissent et Florian a deux objectifs. « Le premier, lui faire sentir que ce n'était pas correct d'insulter un joueur du LOSC. Le second, insister sur l'environnement du joueur en expliquant que Jonathan n'était pas la personne décrite. De mon côté, la démarche était constructive. Il s'agissait de protéger le joueur. Ce que je ne voulais surtout pas, c'est que Daniel puisse faire une "fixette" sur Ikoné. Quand t'es à l'intérieur d'un club comme le LOSC, c'est impossible de laisser passer ce genre de commentaire.»

Les fixettes de Riolo, on les connaît. L'éditorialiste a ses têtes de turc. Des noms qui, dès lors qu'ils sont évoqués dans une discussion, vont encourager les vannes ou les provocations du journaliste. Adrien Rabiot en sait quelque chose, Marco Verratti aussi. Au bord des terrains, Sylvain Kastendeuch ou Florian Maurice ramassent pas mal. D'une certaine manière, même Zlatan Ibrahimovic est devenu une « fixette ». Dans la bouche de Daniel, le Suédois semble être considéré comme le plus grand... des petits joueurs. Car Daniel ne s'en prend pas aux plus faibles, plutôt aux orgueilleux et à ceux qui maltraitent leur talent.

L'affaire Ikoné sera réglée assez vite mais elle révèle l'importance de l'opinion médiatique à l'intérieur des clubs de football. S'ils ne lisent pas directement les notes de *L'Équipe*, s'ils n'écoutent pas eux-mêmes les programmes, les joueurs sont mis au courant. Florian résume : « Faut pas que ça entraîne d'autres conséquences pour le joueur et qu'on atteigne un point de non-retour. Du style, le joueur poste la séquence sur son Instagram avec un #fuckdanielriolo...»

***

En charge de toute la communication sportive du LOSC pendant trois saisons et demie, Florian est aussi là pour guider, accompagner et «protéger» les garçons qui n'ont pas toujours les codes pour bien gérer leur communication. À titre d'exemple, il évoque les jours qui précédèrent le derby contre Lens. «Des supporters lensois avaient allumé la première mèche en plantant un drapeau à l'intérieur même du centre d'entraînement de Luchin. C'était chaud. Un rien pouvait enflammer médiatiquement cette rencontre. (...) J'avais insisté, il ne fallait faire ressortir aucune animosité sur nos réseaux sociaux... J'ai donc fait très attention aux prises de parole des uns et des autres. À tel point qu'on n'avait accordé aucune interview avant le match. Un "*silenzio stampa*" assumé par Gérard Lopez, Christophe Galtier et certains cadres du vestiaire.» Auditeur assidu de l'After, Florian se souvient précisément des mots de Rolland Courbis: «Il ne faut jamais donner de la motivation supplémentaire à l'équipe adverse par des déclarations non maîtrisées. Surtout quand l'adversaire en question est supposé plus faible.» Florian raconte: «C'est inspirant quand Courbis parle de la préparation des conférences de presse. Ça vient nourrir une réflexion que l'on partage parfois avec certains joueurs d'expérience. C'était le cas avec Benjamin André, qui a connu Rolland à Rennes.»

« De mon point de vue, la com' d'un club, pour qu'elle soit efficace, doit être partagée. Parfois, au moment du petit-déjeuner, il arrivait que certains joueurs cadres de l'effectif viennent me demander : "Flo, qui fait la conf' ce vendredi ?" Là, je leur disais le nom du joueur et ils me donnaient leur ressenti. Quand tu as ce genre d'échange, tu sais déjà que tu vas vivre une grande saison. Ça montre qu'il y a une implication et une adhésion totale des joueurs plus expérimentés dans le projet du club. »

À 34 ans, Florian a déjà vécu les grandes aventures d'un club de football : l'humeur changeante des vedettes, la paranoïa du staff, la lutte pour le podium et celle pour le maintien, l'euphorie des victoires et la pression qui suit les grands revers, la découverte de la Ligue des Champions aussi… Les quelques mois passés en compagnie de Marcelo Bielsa ont marqué l'ancien attaché de presse. « J'en garde un très mauvais souvenir… Pour moi, cet entraîneur reste une énigme. Je me souviens d'une personne fermée, angoissée, incapable de me dire ce dont il avait besoin. Un technicien stressé, stressant et paranoïaque… » Florian témoigne des nouvelles demandes toujours plus pressantes d'*El Loco*. L'entraîneur argentin ne s'adressait jamais à lui et laissait son assistant lui parler. La traditionnelle revue de presse devient une revue de presse personnalisée. Bielsa exige qu'on lui présente chaque matin, avant 9 heures, tous les articles dans lesquels son nom est cité. Florian parle de cette époque sans la moindre nostalgie : « Au final, chaque matin, j'imprimais des dizaines et des dizaines de documents pour l'adjoint qui transmettait à son "*Profe*". Parfois, Bielsa se plaignait auprès de Luis Campos parce que je ne mettais pas assez "d'amour" dans mon travail. Il s'est énervé et on lui a finalement trouvé une agence de traduction pour lui permettre d'avoir tous les articles traduits. Un caprice de star... De toute façon, chaque semaine il y avait un nouveau truc, ça devenait de plus en plus ingérable. »

Florian a laissé passer la tempête Marcelo Bielsa et s'est consolé auprès de Christophe Galtier dont il loue l'humanité. « C'est une personne entière, qui te fait sentir que tu fais pleinement partie de son équipe de travail. Tu sais qu'avec ce coach, tu peux te livrer à fond. Il te donne envie de te dépasser, que tu sois Victor Osimhen, Renato Sanches, l'intendant, le jardinier ou l'attaché de presse. Je n'oublierai pas son humanité. Quand il a appris mon départ, il a été l'un des premiers à m'appeler alors que je savais qu'il avait d'autres soucis en tête à ce moment-là. »

Florian a quitté le club l'hiver dernier en même temps que Gérard Lopez, remplacé par Olivier Létang. Il évoque un dernier grand souvenir de son passage au LOSC, un de ses « plus beaux coups ». Pendant le confinement, Florian avait préparé avec Daniel l'entretien de Gérard Lopez dans l'After. « On était en position de force pour le faire car le président avait exprimé sa désapprobation sur l'arrêt du championnat et Daniel encourageait à fond la reprise.

Je savais que ça allait faire un bon truc. Quand l'After te reçoit avec ouverture d'esprit, ça fait des super moments de radio. Je l'avais briefé sur comment être bon dans cette émission, comment répondre à une interview de l'After. On a bien réussi et Lopez a été à l'aise. Quand ils te laissent du temps, c'est la meilleure tribune que tu peux avoir. Moi, je préfère avoir des soutiens ou des relais dans l'After qu'au CFC (*Canal Football Club, ndlr*). Okay, l'audience est peut-être moins importante, mais pour développer, expliquer, faire de la pédagogie, l'After c'est le top.»

Aujourd'hui, Florian écoute toujours l'émission mais il n'a plus la même oreille. Fini le temps de l'écoute au casque, attentive et professionnelle. L'After est devenu une distraction. «Je les écoute surtout sur les droits télé, les sujets de gouvernance. Ce qui m'intéresse, c'est ce qui se trame en dessous des résultats sportifs, les coulisses.» Amusé, il révèle enfin que l'émission est écoutée dans les clubs. Pas forcément par les joueurs, certes, mais il a déjà reconnu les analyses des chroniqueurs dans la bouche de certains postes à haute responsabilité. Par discrétion, Florian ne donnera pas de noms mais il glisse malicieusement: «Ouais, je sais que c'est une émission que certains écoutent en secret…»

MINUIT BOULEVARD

Quand il rentre chez lui après l'émission, Gilbert demeure en silence. Dans sa Smart électrique, il quitte le parking de la radio et s'en va sur le boulevard des Maréchaux. C'est comme dans la chanson de Christophe, « Minuit, Minuit boulevard. Ce tram, drôle de drame... » La nuit est déjà bien entamée. Les tramways terminent bientôt leur service. Entre le pont du Garigliano et Balard, ils rampent sur le gazon comme des serpents de ferraille inoffensifs. Plus loin, les taxis rôdent désespérément à la recherche d'un client. Des berlines filent vers des destinations inconnues. Bâti à quelques centaines de mètres de l'immeuble Altice, le nouveau ministère des Armées, feux éteints, a des airs de transatlantique, de paquebot égaré sur l'océan des villes. Dans son cockpit exigu, Gilbert ne se laisse plus parasiter par rien. Pas de radio, pas d'écran. Comme chaque soir de semaine, il laisse retomber la pression du direct dans le silence le plus complet. De fait, l'intensité redescend aussi vite qu'elle est montée.

À la sortie du studio, les chroniqueurs se sont éparpillés dans la nuit de Paris. « Quand les bars étaient encore ouverts, dit Gilbert, on allait parfois boire des coups. » Par temps de pandémie, pour conjurer la mélancolie des rideaux de fer baissés, il arrive que Julien Cazarre rapporte un pack de bières. Format familial, ça dépend des humeurs. Du standardiste aux invités, décapsule qui veut. « Sinon, c'est dispersion, conclut Gilbert. Les intervenants partent avant nous. Max, à minuit moins dix, il est déjà barré. Il n'y a plus que Paul, Jérôme et moi parce qu'il reste les infos à lancer. Tout le monde se casse, il y a assez peu de discussion. À minuit, tu veux rentrer chez toi. Et puis faut jamais débriefer à chaud. Après, quand on a un incident ou un problème, un truc lourd, là je débriefe principalement avec Jérôme Thomas. Je passe éventuellement un coup de fil. Mais c'est très rare. »

Dans la voiture, en ralliant la banlieue sud, Gilbert pense toujours à l'émission qui vient de se terminer. On devine que c'est aussi par sens du devoir. « Est-ce qu'on a fait une bonne émission ? Qu'est-ce qui n'a pas été ? » Il appelle ça l'atterrissage, une sensation qui ne doit pas être si éloignée de celle que ressentent les joueurs en rentrant chez eux après un match. Ils supportent le silence de la nuit après les heures de clameurs sous le feu des projecteurs. Pour Gilbert, Daniel, Jérôme et les autres, c'est la magie d'un studio de radio. Dans le micro, ils s'adressent à des dizaines de milliers de gens qu'on ne voit pas. Qui réagissent, s'enflamment, se désespèrent. Et une fois sortis de là, une fois le plateau déserté, ils retrouvent chacun une certaine solitude.

Car la radio, pour les auditeurs comme pour les présentateurs, est l'art d'être seul à plusieurs.

***

Quand Gilbert arrive enfin chez lui, la lumière du studio s'éteint définitivement. Comme dans n'importe quel autre boulot, l'intime reprend le dessus sur la vie professionnelle. « Chez toi, tu décroches direct. Bon, je suis encore un peu connecté pour voir les réactions sur l'émission, mais de façon plus détendue. Je regarde la tendance, ce qui s'est dit. Après ça, je lis. Mais je trouve jamais le sommeil tout de suite. Tu sais, le temps que la pression retombe, c'est 2 heures du matin au mieux. »

Le lendemain, une fois la nuit tombée, le rituel reprendra de la même façon. À 9 heures du soir sinon plus tard, à la fin d'un match, Paul Vexiau lancera le générique, Jérôme Thomas décomptera les secondes dans l'oreillette. Et Gilbert prendra l'antenne entouré de ses amis. Il dira : « Bonsoir à tous, l'After est là jusqu'à minuit comme tous les soirs... L'After sur RMC, à la radio... L'After, l'émission qui dit tout haut ce que le monde du football pense tout bas ! »

Depuis 2006, la voix têtue d'une émission devenue culte pour toute une génération.